基于办学理念的校长办学研究

以宁波市广厦小学为例

徐扬威◎编著

ZHEJIANG UNIVERSITY PRESS
浙江大学出版社

序一

遇到最美的自己　预约最美的未来

我走过半个中国,接触过不计其数的中小学校长,却少有机会深度了解他们的成长历程。捧读扬威校长的厚厚一叠书稿,满溢着他的进取精神和教育情怀,我甚为感慨和钦佩。一个农村走出来的青年,从读师范开始至今,在他生命中最美好的20多年里,为了挚爱的教育,他注入了青春和理想的全部,躬耕于中国基础教育的最基层,享受教育工作给他带来的成长和美妙。如果说演员的生命在舞台上,扬威校长深知教师的生命在讲台上。他的课堂灵动、大气,而且他长期笔耕不辍,真诚地记录着他十几年的办学心路和对教育的思考,对于一位小学校长而言,这份执着和勇气实为不易。

广厦小学,12年前还只是城市化推进过程中一所拆并而成的"农村完小"①,地处城郊接合部的安置小区,一直摆脱不了薄弱学校的形象。7年前,扬威校长带领团队在艰难中前行,在非凡中成长,使这所弱校阔步向前,焕发出前所未有的生机和活力,生源素质不断提高,学校文化、办学特色逐步凸显,特别是社团建设、小班化教学、智慧教育项目的建树,在江北区乃至宁波市声名鹊起! 这其中,倾注了他怎样的付出? 又隐含着什么样的秘密?

扬威校长的《基于办学理念的校长办学研究——以宁波市广厦小学

---

① 农村完小:设在农村的六年制完全小学。

为例》,凝练了他 20 多年的教学和 10 多年的学校管理经验,其中没有华丽的辞藻,只有平实的语言,娓娓道来的故事,读来甚感亲切。在 20 多年的从教生涯中,扬威校长深感责任在肩,深刻地体会到教育对"每一个"的重要!一个孩子,对于学校是几百分之一,对于家庭却是百分之百。生命只有一次,教育不可重来。一路走来,扬威校长便逐步形成了自己的核心理念——"让每一个孩子获得最优发展",并在广厦小学积极践行着,他从"蓝天社团"入手,从社团活动到主题活动,再到社团课程化,为广厦小学每一个孩子的最优发展找到了突破口。他又紧紧抓住小班化教育改革的东风,带领他的团队一起攻关小班化教学,从小班化文化氛围的营造、评价制度的改革,到语、数、英小班化课堂教学的研究,为"让每一个孩子获得最优发展"夯实了基础。在"互联网+"的背景下,他敏锐地嗅到了智慧教育的朝气,积极试点"智慧教室"系统,开展智慧学科行动,丰富智慧学校内涵,为"让每一个孩子获得最优发展"插上了一对飞翔的翅膀。

教育的核心目的是发展人,让每一个孩子获得最优发展,就是让孩子遇到最美的自己,帮孩子预约最美的未来!这是朴素至真的教育理念。我们的教育、我们的孩子呼唤着扬威这样的校长,且行且思,思行合一。让我们相约美好中国时代,共建"广厦"千万间,大庇天下孩子俱欢颜!

是为序!

全国中小学督导评估专家
深圳市名校长
深圳市云顶学校总校长

序二

宁波市广厦小学，领先创新的智慧学校

宁波市广厦小学徐扬威校长邀请我来谈一谈广厦小学在发展智慧教育、智慧学校的经历与成绩，我感到荣幸，也觉得非常有意义。希望把成功经验分享出来，帮助更多学校。

发展智慧教育，校长的理念与科技领导力是关键中的关键。2011 年认识徐扬威校长时，徐校长在江北区教育界都还不知道智慧教室之前，已经对其有了深刻的研究，特别是对推动智慧教育的难处与限制的了解。江北区教育局也特别责成徐校长前往台北考察。

广厦小学在徐校长的卓越领导下，发展小班化与智慧教学，不断提炼智慧教育理念。记得 2013 年 3 月徐校长前往杭州，参加由省教育厅举办的为期三天的"三适连环教育研讨会"，由三适连环教育创始人何福田教授、多元智能分析与多元智能教法专家朱允文教授，以及我本人共同主持研讨。这是理念与实践案例兼备的研讨会。具此理念与案例，徐校长提炼出具有广厦小学小班化特色的"三动、三精、三适"智能课堂模式。

三动，指生动、互动、主动的课堂，可称之为教学展现力。

三精，指精确、精致、精进的课堂，可称之为学习洞察力。

三适，指适性、适量、适时的课堂，可称之为课堂调和力。

教学展现力、学习洞察力、课堂调和力是智慧教师专业发展必备的三项教学专业能力。换言之，智慧教师必须具备类似演员、医生和教练的教学专业本领。教学展现力类似演员展现本领，智慧教师创造"生动、互动、

主动"精彩课堂的能力,是教师自身专业化的表现,能体现课堂结构的深度。学习洞察力类似医生的洞察本领,教师应用自身专业与信息技术,发挥"精确、精致、精进"的学习洞察能力,扩大课堂关注的宽度,能够充分掌握全班、每一小组,甚至每一位学生的情况。课堂调和力类似教练的调和本领,这基于前面两项本领,教师以"适性、适量、适时"的课堂调和力,同步指导课堂中每一小组,甚至每一位学生的学习。

在徐校长的卓越领导与不断精进的智慧教育理念支持下,广厦小学开发出的云端整合系统,非常成功,堪称全国领先的智慧学校。

课堂是推动教育变革的核心,广厦小学导入智能教学系统,就是聚焦于课堂,因为教学研讨的重心是课堂。多年来,每一次到宁波市江北区指导工作,听课、评课也是我们非常主要的任务之一。透过听课与点评,协助老师们提炼基于智能教室的创新教学模式,我们简称为智能模式。每次的指导工作,一天下来得听五六堂课,这种方式虽然辛苦,却是最有效的手把手的指导方式。

记得 2013 年 3 月前往江北区指导智慧教育工作,当时江北区已经有七所试点学校,包括惠贞书院、慈城中心小学、洪塘中心小学、广厦小学、江花小学、江北中心小学、江北第二实小。其中,在广厦小学听了一堂由汤晶晶老师执教的一年级数学课,我的印象特别深刻。在汤老师的巧妙教学设计、教学辅具及精熟的教学技巧带领下,才上一年级的小孩们也能非常专注,充分投入合作与学习。这样精彩又有效能的智慧课堂,体现出了许多现代化的教育理念,应用智能教室多样化整合互动功能,开展小组合作学习、分组讨论、作品汇整归纳等高效能活动。虽然,许多人认为智慧教室比较适合高年级学生,但是这堂课打破了这个成规,证明孩子的年龄不是问题,一年级的课堂,也可以提炼出精彩又有效能的智能模式。

徐扬威校长是小班化教育专家,推动广厦小学的小班化教学,经常与两岸小班化教学联盟校交流分享。此外,徐校长也是信息技术专家,特别擅长信息技术与教育教学的深度融合应用,有了这些深厚的功底,才能带领数学教研团队,提炼如此成功、可复制的数学科智能模式。

广厦小学发展小班特色,聚焦课堂,提炼出许多分别适用于新授课、讨论课和复习课的智能模式,这些模式充分融入现代教育理念重要元素,包括小班化、团队合作学习、智慧教室等,充分展现广厦小学"智慧小班"的发展特色。

智慧教育就是基于信息技术的现代教育。实践现代教育有非常多元的面向,例如生本理念、高阶思维、合作学习、TBL 教学模式、PBL 教学模式,以及实践至圣先师孔子的"因材施教"等,这些符合现代教育的理念、技术与模式,是发展智能教育的外显特征。广厦小学就是基于这样的智慧教育理念,非常专注、用心地发展成为更理想的智慧学校。

广厦小学非常重视智能教师、智能模式与智能课堂的发展成果,在每一年、每一学期,都能总结智慧教育发展成果,举办发表会与教学观摩会。透过发表会,一方面,可以总结阶段成果并进一步提升;另一方面,也把成功经验分享给更多学校、更多老师。诚如前面提到的,宁波市江北区已经成为发展智慧教育的先进学区,全国各地的教育单位经常组团到江北访问、研讨,而广厦小学就是江北智慧教育的指标学校之一。在频繁的交流与分享活动中,也更进一步促进广厦小学的教师专业成长,这是"互动""共好"的教育正能量循环。

总而言之,广厦小学发展智慧学校能够取得成功,投入了非常多的努力与付出。其中,徐扬威校长的卓越科技领导,是最为关键的因素。此外,为了推动智慧教育,宁波市江北区成立了"江北区智慧教育建设工作领导小组",以非常系统的、有具体绩效指标的方针推进智慧教育,这项政策为广厦小学提供了强大的发展助力。

有机会到宁波,一定要到广厦小学,观摩交流智慧学校的发展样貌。

TEAM MODEL 智慧教育创始人

吴权威

台湾科技领导与教学科技发展协会荣誉理事长

目录
CONTENTS

第一篇　理念之魂：

"让每一个孩子获得最优发展"

第一章　师范学习

第一节　师范教育，
"让每一个孩子获得最优发展"的启蒙

与教师结缘，还得从我的师范教育经历说起。我于1991年考进宁波师范学校，三年的学习生活，让我对教师工作有了具体的认识，也从中学到了很多现在还觉得受用的理念和专业技能。

我是宁波慈城人，父母都是农民。我读书的时候，大人都教导我们要好好读书，争取将来"跳农门"。做父母的都知道当农民很辛苦，所以不希望自己的孩子继续这样的生活。在父母的严加管教、日日叮咛下，我努力读书，想使自己变得更优秀，因为只有这样才能争取"跳农门"。不过，对于到底要学什么专业，报考什么学校，其实我和父母都比较茫然。到了快中考的时候，得知师范专业是第一批招生，没录取还可以再选择中专、普高。为了保险起见，父母给我报的第一志愿就是宁波师范学校。结果我达到了分数线。就这样，我进了宁波师范学校，开始了我的师范生涯。

进入师范后，我逐渐发现自己喜欢上了在师范学校的学习生活。学校开设的教育学、心理学、艺术、三笔字等课程，都让我觉得新奇而有趣。我如久旱的大地，美美地享受着春雨的滋润。回过头看，这些课程直到现在都还让我受用无穷。比如我给学生上语文课、团体辅导课时,我对孩子学习心理、行为习惯的把握是到位的。如果要追根溯源的话,那就要归功于在师范学校学习的时候,认真学习了儿童心理学、教育学。我觉得这些东西为我现在了解孩子、了解教育教学,奠定了一个很好的基础,让我能更多地从孩子的角度去考虑教育问题。其他方面也是一样,我现在对语言、书法、美术的喜爱,很多都是在师范学校奠定的良好基础。"让每一个孩子获得最优发展"的理念就是在那时候萌生的。

20世纪80年代的中小学,体艺方面教学比较薄弱,专职教师也少,尤其是农村中小学。就我读书的学校来说,印象中学校只有一架漏了气的风琴咿咿呀呀发过几个音,后来干脆就没有音乐课了。正是师范学校给了我接触艺术的机会。有的人一定觉得很奇怪:难道中学时代艺术、语言等教育严重缺乏,仅仅师范学校三年的艺术教育就能让我对语言、绘画、书法有了如此强烈的兴趣,而且还表现得不错?仔细寻思发现,我对它们的喜爱可能不仅仅是因为"中师"相关课程的开设,而是"中师"的学习唤醒了我对它们的喜爱,使我的相关潜能得到了显现。虽然被挖掘的过程可能有点漫长,发展也没有达到特别的高度,但起码它让我的人生、职业更加充满色彩、更加丰富了。从这个意义上讲,教育不是等待而是发现。

做校长后,当我在考虑怎样让每一个孩子获得最优发展时,我认真学习了加德纳的多元智能理论,从自己的个案上,反思该给学生带去什么。加德纳的多元智能理论认为:"智能是在某种社会或文化环境的价值标准下,个体用以解决自己遇到的真正难题或生产及创造出有效产品所需要的能力。"他认为每一个个体所具有的智能是不一样的,是各有特点的。所以每个人其实都有很多的先天潜能,关键在于后天的教育能否把这些潜能挖掘出来。在多元智能理论看来,个体智能的发展受到环境,包括社会环境、自然环境和教育条件的极大影响和制约,其发展的方向和程度会因为环境和教育的不同而表现出明显的差异。更何况每种智能本身之间还有差异。

第二章 教师经历

第一节 全科教师，
"让每一个孩子获得最优发展"初体验

我 1994 年毕业，我们那个时候毕业还包分配工作，由人事部门根据下面学校的需求进行统一分配。在七月份等待分配的日子，我觉得自己应该会被分到乡中心小学，因为那时候正规师范毕业的老师还不是很多，而且自己各方面素质和成绩都不错，应该能被分到好学校。

谁知事与愿违，一纸通知书把我分到了中心小学下面的偏远村校——半浦小学。报到那天，当我第一次迈进半浦小学的校门，看到荒凉的校园时，满腔的兴奋、激情刹那间无影无踪，心凉了大半截。学校当时只有三位老师——两位中年男老师，还有一位快退休的女老师。孙校长拍拍我肩膀，让我坐下，顺手给我倒了杯茶。他知道让我来这样的偏远村校委屈我了，不过他也很高兴，认为我的到来应该会给学校注入新的活力。

这是一所创办于 1921 年的老学校，四合院式结构，小而精致。但是随着经济发展，大量年轻人外出工作、学习，农村人口不断地减少，正好又遇上教育部门推行"撤点并校"，所以当年的半浦小学，只有 1—4 四个年级 70 多个学生。

尽管学校比较小,条件也比较艰苦,可校长还是希望我能够好好地教学,做个好老师。校长还精心安排,让我教二年级。他说:"我们学校二年级的学生最多,有 27 个,相对完整。你刚刚毕业教第一个班,相对来说得是完整一点的班级,比较利于你的成长和发展。"

就这样,我这个身高一米八几的男老师成了这群二年级娃娃们的全科教师。那个时候全科的概念就是:二年级所有的语文、数学、音乐、美术、体育都是我教。这些都是国家基础课程,所以必须得开,但是一节美术课你上语文还是数学,由自己来定。巧妇难为无米之炊,因为条件问题,很多农村学生除了语文、数学之外很少上综合课。尽管学校各方面条件、环境不尽如人意,但是校长的关心、老师们的热情还是温暖着我,加上刚从师范学校出来,没多久我又充满了满腔热情。虽然是包班,课多任务重,但我觉得课还是要按照课表来上课,该语文课就上语文,该音乐课就上音乐。我把自己在师范学校里学的十八般武艺统统使出来了,虽说不上每门课程都上得有板有眼,但我的确带着孩子们认真上每一节课。由于我是这所学校里最年轻的老师,所以校长又让我当大队辅导员,定期组织其他几个班级开展活动,丰富校园生活。就是在这样一个几乎没有任何压力与功利的环境里,我开发着教育这片净土,也是在那时候,我开始真正喜欢上了那一帮孩子,喜欢上了教书。那时的我每天两点一线——家和学校。早出晚归,全身心地投入班级,投入教学。仿佛浑身有使不完的劲,比如班级文化布置,我就和孩子们一起动手美化,布置完了教室,又接着布置学校,慢慢地,落后的村校也有了点"校园文化"的味道。每每回顾,那一幕总让我激动不已,是它让我学会了对孩子的爱,对教育的执着!

当年破落的环境、单调的校园、枯燥的教学并没有压倒我,反而给了我充分施展的空间和机会。我在师范学校接受了三年教育,教育学、心理学、音体美劳,包括教学教法都是我们学习的内容,因为普师教育就是培养全科教师,从现代教育发展来看,小学教育更需要全科教师。在三年师范学习中,我掌握了国家课程设置,以及在如何开展课堂教学、德育、营造校园文化等方面有了初步的理论与实践的基础,加上见习、实习,进一步感受了优秀学校的教育发展成果,所以从某种角度讲,我们在走上讲台前是见过世面,开过眼界的。可到了半浦小学一看,教室里除了桌子、椅子、黑板,没有其他任何东西了,甚至那个时候连电子设备都少得可怜,全校只有一个破录音机。二年级教室里连一张类似"书山有路勤为径"的名言警句都没有,更谈不上文化角、竞赛台之类的班级文化内容。而这些东西在城市的学校中已经常态化了。我当时的心情可以想象,那是多么的失落与无助啊!然而我并没有因此消沉,更没有随波逐流,"乘风破浪会有时,直挂云帆济沧海",我相信通过努力,一定能做出成绩。既然是我的学校,是我的班级,是我的学生,我就要尽我所能。我要尽可能地给我的学生们提供一个完整幸福的小学生活"舞台"。我和孩子们一起动手,教室里的墙面丰富起来了,"展示台""你追我赶""雏鹰争章"纷纷上了墙,一群孩子每天叽叽喳喳围在那里看谁的星星多,谁的画漂亮,我看在眼里喜在心上。

办公室也应该有文化的味道,我的提议得到了其他三个老师的赞同,久置的黑板上也有彩色了,我的中国水墨画也上墙了,校长也写了两句师德标语贴在了墙壁上。字画不好起码是有了,文化不浓起码在慢慢酝酿了,活动不是高大上起码我们搞起来了,有时候是否走出一步就能决定你是否能成功。在课堂上也是一样,我把自己在师范学校三年中学到的所有关于音乐课、美术课、体育课方面的东西传授给孩子,让不懂乐理的他们慢慢认识了五线谱,慢慢会打节奏了,我觉得这也是提高。在美术课上,我教他们画儿童水墨画、儿童色彩画,甚至开始让他们接触卡通画,怎么画小动物、画未来的世界,画形、调色,我们在玩中学习。我觉得尽管我当时的力量是微不足道的,甚至缺乏系统性教学课程,但是对这些孩子们来讲,启蒙是非常重要的。

1995 年 9 月,我被调到了乡里的乍浦乡虹星小学。那时候刚好完成撤乡并镇,乍山和半浦这两个乡并成一个乍浦乡,原来半浦乡的中心学校就变成了乍浦乡点校。那时候它是一个完全小学,共 9 个班,有近 400 名学生。调我过去主要源于一堂课,虽然课上闹了个不大不小的笑话,但也让点校的沈耀元校长和教导处陈主任关注到了我。这堂课也为我打开了一扇飞向理想教育的窗户,让"最优发展"思想开始萌发。

由于半浦小学只有我们四个包班老师,不单独组织教研活动,那时候乡教研活动、开会什么的都在一起,我们平时主要是参与一下点校的教研活动。那一年乡里要评教坛新秀,我们学校就鼓励我去试一试,就算练练胆也好。既然学校鼓励我,加上我觉得平时"纸上谈兵"也不过瘾,于是初生牛犊不怕虎的我就准备了一节课,那是二年级的《蜜蜂引路》。我准备好这一堂课后,就信心百倍地骑着车去点校参加比赛了。我这堂课的设计理念、课堂效果,以及师生互动都还不错,评委们听了我的课,一致表示愿意推选我去参加乡里的教坛新秀"比武"。于是,赛后我又花了几天时间,按照大家的意见对某些环节做了调整、完善,代表点校去和乡里的另外几个老师 PK。

就是在那个时候我认识了励汾水老师,也让她记住了这么一个高高大大的男教师。那时,励汾水老师还是我们江北区的语文教研员。她经常去江北区的农村学校听课、指导,并给薄弱的农村教育带去课堂教学的最新理念,她还经常鼓励农村的青年教师更应该努力学习、大胆探索,为农村孩子的全面、优质发展用心教学。那次教坛新秀"比武"时,乡里把励汾水老师请来听课,当评委。而我就带着修改后的《蜜蜂引路》,兴奋地骑了十多里路去和乡里的老师"比武"。那堂课,我自导自演沉醉其中,感觉比上一次要讲得好多了,却无意中发现几个评委在交头接耳说着什么。难道是哪里出问题了?上完课我也没敢问,只是心里忐忑着,不知道评委们在说我什么。直到午饭后,当我推着自行车要赶回自己学校去的时候,励汾水老师走过来,和蔼地问我一些关于工作、生活的情况。最后,励老师主动告诉我大家在课上窃窃私语的事情,原来我这么高大的一个小伙子,黑板上写的课题和板书只有一丁点儿大,形象与板书完全不匹配。那时候我的脸"唰"地就红了。现在想想这是多么不起眼却又很显眼的一个问题啊,因为那时备课没人指导,完全是靠自己摸索,要是有个师父指点那该多好啊!我憧憬着。

正是《蜜蜂引路》,也正是那个离开时的邂逅,我给励汾水老师留下了不错的印象。不久,江北区教育局组织名师带徒(名师工作室),励汾水老师作为教研员,理所当然成了主要导师之一,而我则是乡里报上去的众多徒弟中的一员。只有十几个导师,却有几十名徒弟,我们都期望能拜到一个好的师父。轮到励汾水老师挑徒弟的时候,她选择了我。这次名师带徒在很多人心里可能已经模糊了,甚至不再有印象,但是对我来讲却改变了我的教学生涯、教学理念,甚至我的教育人生。

那次乡教坛新秀"比武",我虽然没有获奖,但这一节课的前后变化和评委们的意见,再次给虹星小学的教导主任、校长留下了比较深刻的印象。他们从半浦小学校长那里了解到了我的教学和其他一些情况,就一纸调令把我调过去了。到虹星小学报到那天,教导主任问我要教什么学科,当时我想——能到大的学校发展已经很幸运了,还挑什么学科,服从组织安排吧,于是就告诉主任,学校要我教什么就教什么,服从安排。主任告诉我,他们觉得我语文课上得不错,他们也正缺少一个高段语文老师,想让我教语文。就这样,我走上了真正的语文教学之路。第一年教五年级语文,同时兼任班主任,还做学校的大队辅导员,那时候的工作量现在想想也不觉得很辛苦,也许应了那句"苦并快乐着"!

第二节　新岗位,努力让"野"学生拥有"春天"

　　我读书时小学和中学一直是在农村学校上的,那时的学校,无论是硬件还是软件都比较差,经济的落后加上教育发展滞后,很多农村孩子只能接受基本的学科教育。那个时候的课堂,就是简单地传授知识。学生学习的主要任务就是掌握知识,想办法跳出农门,开辟新的人生道路。所以农村学校在学生个性潜能、兴趣爱好这一块的投入几乎是空白的。学生很"野",但这不代表这个学生没有优势智能,没有特长,只是我们的学校、老师或者他们的父母没有能力给他们提供一个合适的教育机会或者优秀的教育平台。工作后,我担任了很长一段时间的中队辅导员、大队辅导员,也正是在辅导员这个岗位上,我努力让我的"野"学生拥有"春天"。

　　我从村小到点校,从教二年级跳到教五年级,虽然学校不同了,学生不同了,但那份心还是一样火热。尽管初涉一所新校的辅导员会遇到一些困难,但都在自己的努力下克服了。我和学校里德高望重的数学老教师郑丙德一起搭班,郑老师具有丰富的数学教学经验,为人和善、教学严谨。他教数学,我教语文,在郑老师的帮助和关心下,我很快熟悉了学校、熟悉了班级、熟悉了高年段孩子的特点,不久孩子们喜欢上了我这个高高大大的辅导员老师,我和郑老师也老少搭档,齐心协力,第二年就得了区优良班集体的荣誉。两年时间,说长不长,说短也不短,我和郑丙德老师成了莫逆之交。

　　一个是意气风发的青年辅导员,而另一个则是花甲之年的老教师,怎么就成了莫逆之交呢?记得我们搭班教毕业班的那一年5月,无论老师还是学生都在为毕业考试做着最后的努力,作业量和难度比平时都大了不少。班里当时有位女生叫小勤,发育早,人长得也高大壮实,男生见了都怕她三分。她为人热心,劳动积极,就是学习成绩总上不去,经常不交作业。一天郑老师上数学课查家庭作业,又只有小勤没做,郑老师当即批评了她,让她下课去办公室做。上完课,郑老师边收拾讲义边让小勤带好作业和文具去办公室,小勤赌气不肯去,郑老师多次叫她也不搭理。于是郑老师一手拿着讲义一手拉着小勤,边批评边往办公室走,哪知道没走出教室几步,小勤就一屁股坐到了地上,这下郑老师一只手拖不动了,就把讲义往腋下一夹,两只手拖,小姑娘力气挺大,郑老师用了九牛二虎之力,脸憋得通红才把她拖了三四步。事情到了很尴尬的地步,拖也不是,不拖也不是,两个人就这样耗在那里,一个坐在地上号啕大哭,一个气呼呼地教育着小勤。刚好我从楼下上来,看到了走廊里的这一幕。我赶紧过去,先安慰郑老师让他别生气,先去办公室休息下,把小勤交给我。郑老师见我接过了这事,他也就放开小勤回办公室了。随后我把小勤扶起来,带到边上了解情况,我晓之以理动之以情,渐渐地小勤为自己没按时完成作业,还跟老师耍脾气感到后悔,主动要求到郑老师那里道歉。郑老师因我接手这事避免了进一步的尴尬局面,也因小勤的主动道歉在众师生面前找回了尊严,特别地感激我。退休多年后每每跟我提起这事情,总是笑呵呵地说当时多亏有我。

我和郑老师搭班教的这一届学生毕业了,他也即将退休。接班后,我把这事情跟同学们说了,并和大家约定等毕业的时候,给郑老师专门做一本纪念册,排个晚会,让他留下一个美好的回忆。晚会节目由学生自编自演,我做"导演",纪念册是我专门买的,里面都是空白的,便于我们自由发挥。毕业联欢会前,我和全班同学每个人签上名,并将每个人自认为最好的一张照片贴在里面,下面写上送给郑老师的一句话。还把平时和郑老师在一起的照片洗出来贴在里面,写上时间和活动内容,在毕业典礼那天由班长庄重地送给郑老师。学生们没有参加过文艺培训,演出原汁原味,纪念册不贵但滴滴是情谊,关键是没人做过这样温馨而有意义的事情。郑老师说,在他30多年的教龄中,从没有学生那样去做过,他知道这事情是在我的授意、组织之下做的,那天握着我的手久久没有放。

说实在的,我也为自己第一次策划这样的"谢师礼"而感到自豪。当时尊师重教很直接,政府、家长都知道老师收入不高,比如教师节乡里就送老师们一个脸盆,过了年了村里送老师们几斤橘子。毕业的学生,受过老师教导之恩,心怀感恩,会集体给老师买个杯子或者坐垫,有的甚至买笔记本还写上感谢的话。但是我觉得,老师并不缺这些东西,他们要的只是学生的一句谢谢,一个鞠躬,一份成绩。郑老师要退休了,年过花甲以后,过往的岁月对他来讲都是回忆。我觉得给他最好的纪念,就是让他重温与学生在一起的那些美好时光。这些东西才是最美好的,最值得他回味的,因为在那里他能感受到教育幸福,感受到人生价值的存在。所以我想,是不是可以把这两年的时间留下来,记下来,当郑老师以后翻开一看,又仿佛回到了自己和孩子们在一起的时光,学生叫什么名字,那些年都有些什么有趣的、难忘的事,那该是多么快乐啊!

我带的第一届毕业班,倾注了我全部的心血。记得刚接班的时候,我发现学生不是很规矩,在课堂上挤眉弄眼、随意说空话,坐姿不端正,一看记分册,"红灯"一串,当时我心里就凉凉的,心想接手的肯定是年段的差班。果不其然,开学才一月不到,学生们就大大小小闯了不少祸,自己是大队辅导员,可带的班级却拿不到流动红旗,语数平均分与其他班差了好几分。我这人比较要强,心一横决定要改造这群"野"孩子,一定要带出成绩来。由于学校离家不远,所以我每天除了睡觉吃饭,基本上都待在了学校,来的肯定比学生早,走得肯定比学生晚。我一个一个谈心,一家一家地上门家访,真正做到了把每个家长、每个孩子都装在我的心里。记得当时班里有个男生叫小陈,黑黝黝的,个子挺高。刚接班时发现他在课堂上经常一言不发,成绩很不理想。一次他和同学打架打得很凶,同学的衣服被他扯破了,手也被他抓出了血。带到办公室了解原委时,我讲得口干舌燥,他竟然一言不发,一副雷也打不动的样子。他不愿理我,那我讲再多也没有用啊!旁边老师劝我,随便他吧,他一直就是那个样子。我也很无奈，只能让他先回教室上课了。下班时我到教导处翻出他的学籍卡，准备了解一下孩子的家庭信息。在母亲栏里我看到了一个似曾熟悉的名字，他妈妈好像就是我们村里的人。晚上，我把这事告诉了父母，没想到我一说名字，我妈妈就滔滔不绝地讲起他们家的故事。他妈妈正是我们村的，可是在孩子很小的时候去世了，他爸爸又当爹又当妈拉扯着他，孩子在家也很懂事，经常帮他爸爸干活，真是个可怜的孩子！第二天中午趁着办公室没人，我把小陈叫来了，他还是一言不发。我告诉孩子，我认识他妈妈，妈妈虽然走了，但是她在天上看着你呢！我从他妈妈讲起，告诉他做父母的不易，作为儿子更要努力学习，好好做人，这样才对得起去世的妈妈、操劳的爸爸。小陈从进来时的一言不发，到后来失声痛哭，承认自己的错误，请老师原谅他。我知道我已经把小陈内心中最后的一扇门打开了，我相信小陈一定会进步的。果然，直到毕业小陈再也没有打过架，作业也能按时上交，成绩也明显进步了。毕业那天，他对我说："徐老师，我不会给妈妈丢脸的。"多好的孩子啊！

为了这群"野"孩子，两年时间我认真地备好每一堂课，有时候甚至备到让谁来回答什么问题，请谁读，让谁来表演的程度，我觉得只有因材施教才能让学生看到自身的不足和努力的方向，才能有针对性地给予鼓励，培养他们的自信。毕业考是整个乡统考，我们班成绩不仅超过了学校其他班，还在乡里名列前茅。教育的成功，首先是孩子兴趣上的成功，每个人都学有所得、学有所长、学有所乐，其次就是在品行上阳光、自信。

说到班级管理，学生教育，我其实也并没有成功的经验，走上讲台才两年的新教师哪里来的经验呢？我只是用心、用情罢了！一方面我研读了很多教育专家的书籍，比如于永正老师的班级管理经验给了我很多的启示，重温了《儿童心理学》，订阅了《演讲与口才》《小学语文教师》等杂志，那时候没有互联网，书成了我最好的老师。另一方面自己才20出头，经常能用儿童的视角去看待学生，走进学生，为我能成为他们学习的导师、生活的知心人、精神的依靠奠定了基础。上课的时候我把自己当老师,尽展所学让课堂不再充斥着枯燥乏味的讲授与说教,而是把学生放在学习的中心,师生互动,生生互动成为我们课堂的常态,隔壁班学生总是很好奇,我们的课堂上为啥总那么有趣。下课的时候我跟孩子打成一片,玩的时候我也是跟他们一起玩,跳橡皮筋、踢毽子、跳格子等我都会。因为走进孩子才能熟悉孩子,教育孩子。

1995 年到虹星小学的时候,我不仅是中队辅导员,还是学校的大队辅导员,当时很多农村学校体艺类专职教师缺乏,像六一儿童节这样的活动,有师资和场地条件的学校往往会举办文艺演出,没条件的就搞个游园活动,让孩子玩玩就算过节了。我们是有场地没有师资,所以我面临的选择就是要么游园玩玩,要么自己组织一台节目。上台亮相,对一个孩子来讲是多么神圣的事情啊! 作为大队辅导员,我觉得应该让农村的孩子也有这样的机会和体验,只有这样,学生才能发现自己的优势潜能。有困难才需要老师去努力解决,不然要老师干什么? 所以我赶紧向校长汇报了我的想法,并承诺两个大型舞蹈我来排。校长也很支持,让我有啥困难可以找他。我自己不会跳舞,但要排舞蹈,怎么办? 一方面我召集曾经有过舞蹈基础的学生每天放学后留下训练,一方面找同学借来录像带和学生一起看舞蹈动作。我边看边指导学生的动作,排列队形亲自示范。学生也很配合,知道这次演出机会难得,有的还在双休日把会跳舞的姐姐带来帮忙。那时候加班加点成了家常便饭,学校真成了我的家。我和学生一起看,一起编,一起模仿,一起随着音乐翩翩起舞,有过欢笑,当然也有过泪水,可这都不重要,重要的是我在学生心中是那样的可敬、可爱。在我们的共同努力下,演出获得了巨大的成功!

时间会改变很多,也会丰富许多。短短一年不到的时间,我所带班级的班风明显改善,学生脸上更多了自信。他们觉得他们成为学校里闪亮的星,别人不会的他们会,别人做不到的他们做到了。一个有着自信的集体,他们的力量是难以估计的。比如我教他们队列,在我的训练下学生走得整齐划一,他们自己都感觉是那样的威武神气。美术课、音乐课在农村学校是可有可无的,但我兼课都会按时上,美术课上我教水墨、透视、素描,音乐课上我教学生吹竖笛,后来学生还代表乡里参加区里比赛并得了二等奖呢!到后来变成学生以拿着竖笛为一种荣耀。所以在这样的影响下,学生很自然地就会接受我的教育。从这个角度讲,小学老师一定要多才多艺。你不仅要了解学生,更要让学生认可你,让他们觉得做你的学生很幸福!

学生的发展、教师的发展、学校的发展其实都离不开文化。第一届学生之所以带得很成功,另外一个因素就是努力建设学校文化、班级文化。学校文化可以涵养一个学生的品性和言行,这是一种潜移默化但又巨大的教育力量。我是大队辅导员,又是中队辅导员。中队辅导员的角色可以让我拥有开展班级文化的权力,大队辅导员的角色又赋予了我建设学校文化的机会,所以我第一步做的就是把少先队工作常态化、规范化。我们竞选了自己的大队委员,改选了中队、小队委员,在校长支持下拥有了专门的队室,大队委定期开会研讨,派专人值班。我们用一个高音喇叭、一台录音机创办了校园广播站,培养了一批小主持人。"红领巾小广播"每周五中午一期,好人好事、儿童故事、身边大事都从高音喇叭传入学生的耳朵,影响他们的生活和学习。我们将"雏鹰争章"活动阵地化,学生们围绕自己的目标积极争创雏鹰章。我们定期组织全校性的歌咏比赛、文艺会演、美术比赛、朗诵比赛,从此校园生活不只是枯燥的考试与作业。为了给学校树立特色,我拉起了一支鼓号队,从三四面小军鼓、几支青年号起家,我们硬生生地把它建成了一支三十多人的队伍,校长还专门特批给队员们配了鼓号服。那时大队活动、升旗仪式,鼓号队就是亮点,就是全校师生的中心。每年,一届届学生离开,一届届新队员加入,他们把自己能成为学校鼓号队的一员看成是无上的光荣。学校文化不再黑白单一,而是多彩多姿,学生们在习得知识、提升能力的同时,也让文化浸润着他们的心灵,丰富着他们的素养。如果从孩子的眼中我们能够看到快乐与幸福,我想这应该就是最好的教育。

　　实践出真知,正是那时候的放手实践,大胆革新,才为自己教育教学生涯的发展打开了另一扇门。在教育实践与孩子们的交往互动中,我逐渐摸到了教育的脉搏,走进了孩子的世界,我发现自己对学生的喜爱似乎到了前所未有的程度。一个眼神、一个动作,我都能读懂身边这些孩子的心,也正因如此,语文课堂上我能与学生有效互动,提高课堂教学的效率。1997年我第一次被乡里推荐去参加区教坛新秀"比武",自己勤学苦练,在师父的指导下,我白天磨课,晚上反复咀嚼听来的一堂堂课、看过的一本本书。功夫不负有心人,我最终得了二等奖,这对一个来自农村学校的老师来说是多大的鼓励啊! 它一直激励着我要上好每一堂语文课,教好每一个学生。教坛新秀荣誉的取得,为我提供了更多的学习机会。每一次听课,我总是如饥似渴,尽量做实录,然后再整理出来细细研读消化。现在我边听课边做实录的能力,就是那个时候练出来的呢! 1999年我又参加了一届区教坛新秀"比武",那时候信心不足,觉得已经得过二等奖了,一个农村学校的教师是不可能得到更高的奖的,虽然有领导、同事们的鼓励,但我犹豫了好长时间才把报名表递上去。经过拼搏,我终于把一等奖捧到了手里,还代表区里到宁波市参加比赛,拿了宁波市二等奖。这一次历练令我印象深刻,受益匪浅。倒不是宁波市教坛新秀这个荣誉带给了我多少好处,而是大赛的经历锻炼了我的能力,令我看到了自身的不足及努力的方向。这次比赛让我在生活和教学上变得更加成熟了,我想,人总是在经历起起落落中成长的。

　　几年下来学生换了一批又一批,可不改的还是那份对学生、对教学的热爱。

第三章　管理岗位

第一节　初涉管理岗位，重新认识教育的要义

第一次离开虹星小学是 1999 年 8 月。当时的乍浦乡中心小学——崇本学校领导看到我在教学上的成绩和综合素养，想进一步培养我，以便我能更好地为家乡教育服务。到崇本小学主要是协助教导主任做些教务方面和语文教研方面的工作，换了新的环境和岗位，我自己也紧紧抓住机会，认真向教导主任学习，并努力做好学校的语文教研工作。

原本以为在中心学校要干上一段时间，没想到去了半年，因虹星小学的管理层需要青年后备人员，2000 年 2 月，我又回到了虹星小学，并正式担任了校长助理一职。那时谢校长找我谈话，希望我能尽快进入角色，协助他一起管理学校，他把我当校长后备人员来培养了。2000 年 7 月，中心小学的应书记找我谈话，告诉我，经过组织考察报乡里批准，任命我为虹星小学校长。当年我才 25 岁，突然让我做这么重要的事情，感觉压力很大，我也实话实说，怕自己做不好。的确，在自己的母校做校长，一来自己还年轻，缺少历练，没有什么管理经验；二来学校里还有很多老教师，那可都是自己小时候的老师，做校长了我怎么去面对他们啊！这时他们才告诉我，原来的校长调走了，在青年后备干部中他们觉得我各方面素质比较

好,业务能力也强,思维活跃,觉得给我压压担子,我一定能做好。

就这样,我在忐忑中上任了。这一干就是两年,两年中我在领导们的关心下,边摸索,边实践,为建设理想中的农村学校而努力,为每一个孩子能做最好的自己而努力。两年的校长经历,使我得到了历练,也使我学会了更加宏观地分析、思考问题,它让我学会独当一面,学会独立思考,更让我学会了很多跟教育教学没有直接关系的知识,如果说小学老师必须是多面手,那么小学校长必须是全面手。以前我是一个老师,是一个大队辅导员,那时我只要将一个班的 40 几名学生管好,或是将一个学校的课余活动搞好就可以了,而现在我必须全面管理,对上、对下,对学生、家长、老师,对校内、校外,跟学校有关的事情一下子都成了我需要思考、关注的点,难也罢,易也罢,我都必须放到自己身上,我必须重新认识教育的要义了。如 2000 年,我遇到了教育系统校企转制工作。当时虹星小学有一所校办化工企业,按照文件精神,学校必须在规定时间里关闭校企或者完成转制工作。尽管那时校企的效益不怎么好,但是那个化工执照含金量很高,环保部门对这类执照控制得相当严格。因为我是校长,是法人代表,而且执照也是我们学校的,作为法人主体,我必须按照规定完成转制工作,所以那个时候我除了教学,管理学校工作,就是抽出时间学习法律,了解企业管理、环保政策、工商政策等,关键是还要练好谈判的功夫,因为我不能让学校资产在我的手里流失,那样我岂不成了虹星小学的罪人?准备了一段时间,我才主动约企业负责人谈转制的事情,工人怎么处理、财务盈亏、固定资产、化工执照等,在班子成员胡老师的帮助下,我一次一次跟企业的负责人谈,就像打一场拉锯战,直到满意。

现在回想,这一段经历磨炼了自己的能力。因此,现在做学校管理工作,我看到的不仅仅只是学校这个圈子,还会看到校园外面的圈子。我会经常分析学校周边的一些资源对我们办学有哪些利和弊,我要怎么去为校所用。一个好的校长,心里除了要有老师、学生、家长之外,还要学会与企事业单位领导、政府有关部门、普通民众交流和沟通的本领。那两年对我来说其实是一个很关键的时期,从某种角度讲就像是一次开放式的校长培训,让我学到了很多。我也把那一段时间的校长经历看作是自己人生中很重要的经历,它让我对后来的校长管理岗位有了一个真正的本质认识。

两年时间,我完成了别人也许七八年都不可能完成的两大飞跃:从班级管理者跃升为学校管理者,视野从校内跃升到校外。我以前一直觉得,做个老师教好书、管好学生就可以了,不是我的事不用去关心它。当了校长才发现,"书到用时方恨少",校长要管的事情原来那么多:与乡政府、中心小学如何处理关系,二十几个老师、三百多个学生怎么管理,如何把钱用到刀刃上,等等,这都有学问。其实也要感谢那段摸爬滚打的岁月,没有它,我也许就不会站在如今的岗位上。

2002年7月,教育局想调我到崇本学校当校长,那个时候我自己还不想离开虹星小学。的确,在虹星小学这么多年,尽管是所农村小学,可是那里不仅有我的童年记忆,也挥洒了我的青春岁月,感情可想而知。当校长那两年虽然我尽心尽力,可毕竟资历浅、经验少,有些事情是我想都难以想到的。2002年春,我代表江北区参加宁波市语文教坛新秀"比武",经常要出去听课、上课,一来二去对学校的管理方面松懈了。此外,由于自己一直在不断追求教学业务的发展,所以在学校的管理上较多地倾向于抓教育教学,也要求老师们多关注教育动态,立足课堂,学习新的教学模式,给一些中老年教师带来了压力。现在想想那时候自己的确有点操之过急,忽视了校情、师情、生情,非但没有发挥好老教师们的余热,还无形中束缚了自己。这件事让我看到了教育的另外一面,也让自己在阅历中获得了成长!

第二节　重新学习,让"最优发展"理念逐渐丰满

　　2002 年 9 月的一张调令,我离开了虹星小学,来到慈城中心小学。那是一所建在古镇里的百年老校,是我们毕业时曾经期盼被分到的工作单位。那时乍浦乡已经并入了慈城镇,从管理体制上来讲,原来的乍浦乡小学都属于慈城中心小学管辖。当时毛校长请我去做中心小学的教科室主任,我欣然就应允了。慈城中心小学教科室原来隶属学校教导处,具体由陈平老师负责。我到了教科室后,毛校长将它独立了出来,由我和陈老师一起搭档负责。陈老师为人和善,经验丰富。几次接触下来,我们俩很快就配合默契,成了朋友。我们一起学习科研理论,分析案例,共同为下面的乡村小学指导科研工作。当时慈城镇正掀起一股古镇建设的热潮,我发现其中有不少是可以被学校利用的教育资源,所以就搜集了大量资料,分析了国内外的相关研究内容,最后从孔庙、慈孝出发做了一个省级课题。

　　教科室的工作对我锻炼最大的就是使我能够静下心来思考教育,专心教学,学习理论。尽管之前积累了很多教育教学方面的新理念、新思路,但对于学校教科研工作来讲毕竟是片面、不专业的。为了当好这个教科室主任,我给自己制定了全新的学习计划,从对学校教育科研意义入手,选题、方案、计划、评测、量表,等等,从无到有,从弱到强,因为我不仅要自己会,还要去指导更多老师加入学校科研队伍,让更多老师发现科研给他们的教育教学所带来的变化。那时为了弄懂一个问题,我经常翻书到深夜,这份意志换来的是我对教学科研的全面认识,也为我后来再回到管理岗位,大力推进学校的科研工作奠定了重要的基础。韩愈说,"师者,传道授业解惑也。"为师者须为生、为教、为校,此为根本焉。我是赞同并

奉行的。

在慈城中心小学教科室工作期间,除了学习,我也做了不少的事情。比如我们建立起了三级课题管理模式,带动了整个中心小学的教科研氛围,还认识了一大批优秀的老师,在他们身上我也学习到了以前学不到的东西——严谨、规范、执着。2003 年 5 月,江北区教育局面向全区公开招聘几名副校长,只要学校中层以上干部,学历、年龄等符合相关条件就可以报名。那时自己尽管符合条件,可在教科研岗位上干得风生水起,加上对于这样的公开招聘有疑虑,所以一看了之,也没有打算去报。就在报名截止的最后一天,兄长打电话给我,他说我应该去试一试,至于上不上先不要管,就算给自己一次机会,或者就当锻炼一下。我被说动了,给自己一个机会。我利用最后的时间填写了报名表。为了考试,我埋头苦读,每周跑新华书店直到开考前夕。结果笔试下来,我得了第三名,进入了面试环节。至于面试,我一点经验也没有,心想面试无非就是当面应答,就把家里那几年订阅的《演讲与口才》拿了出来当师父拜。面试那天,大大小小来了十多个评委,抱着锻炼的心态,我泰然地完成了面试。成绩公布的时候,我才发现自己得了 87 分,面试第一,加上笔试成绩,我还是排在第一。就这样,我结束了在慈城中心小学教科室的工作,又到了一个新的环境——宁波市唐弢学校。

有时候想想在师范读书的时候老师说得对,"工作后三年要出成绩!"年轻时候精力旺盛,有的是机会,只要勤奋,只要敢于尝试,敢于实践,成绩往往会青睐你。当然关键在于要通过学习不断提升自己的综合素养,别人会一点,你能做两点,别人完不成你却能完成,岂不已经胜出? 当你有这样的基础,有这样的素质,有这样执着于教育的爱,当机会来敲门的时候,成功离你就不远了。

在唐弢学校,我的职务是教学副校长,那时的自己对教学的理解、感悟和把握已经有了更新。经历宁波市教坛新秀的评比活动,加上自己去外面学习、培训的次数多了,对于如何上好课,如何推进课堂教学改革,如何提升学校教学效率有了更多独特的认识和理解。宁波市唐弢学校是原甬江镇中心小学，人文底蕴深厚，教育教学规范、严谨，但由于地处城郊接合部，生源多数是农村孩子。对于农村孩子的学情我还是了解不少的，所以我和学校的老师很快打成了一片，因为我们有共同的研究对象和讨论话题，我们互相研讨，彼此借鉴，在学校里形成了良好的教风。吃一堑长一智，虹星小学的经历让我意识到学习的重要性。所以到了唐弢学校后我潜心学习管理经验，特别是从应国海校长那里学到了不少学校管理、老师相处等方面的理念与方法，开阔了视野。虽然他没有特意地教，我也没有专门地学，但是在相处的 3 年时间里，他潜移默化地感染着我，令我受益匪浅。记得那个时候应校长就和我们谈学校的小班化教学，谈他的小班化教学理想，谈如何从上海取经验，这些在当时是很超前的课堂教学理念，我和二年级几个实验班老师一起在唐弢学校研究、实践小班化课堂教学，那也是我第一次真切地感受到小班化教学的魅力，也为后来在广厦小学践行小班化教学奠定了基础，也许小班化情结就是那个时候悄悄埋在我心里的。

2004 年 9 月，教育局为了加快培养一批优秀的青年骨干校长，派我到杭州市实验学校暨杭州市拱宸桥小学挂职副校长学习一学期。当区教研室主任金感芳老师告诉我这个消息的时候，我特别兴奋，因为那是一所很多人都想去学习的学校，不仅仅因为它是杭州市实验学校，关键是学校的校长是当时全国著名的语文特级教师——王崧舟。自己曾经多次聆听他的报告，观摩他的课堂教学，经常被他诗意的课堂氛围深深地感染着。你说，去这样的学校锻炼，去这样的校长身边学习，谁能不兴奋呢？何况我也是一名语文老师，这是多么难得的机会啊！

挂职的半年，我如海绵一样吮吸着拱宸桥小学的管理智慧、学校文化和王崧舟校长的语文思想。我白天参与学校的教学和管理活动，晚上会在办公室撰写自己的学习体会，整理听课笔记、会议记录，梳理拱宸桥小学管理上的片段，并将它们内化为自己的理解。身在杭州市区，却从没出门去看看西湖夜景、逛逛街! 正是这种用心地融入,才让我对王崧舟校长的新教育理念和诗意语文有了更多的认识。王崧舟校长倡导"新成功教育",他觉得教育就是要"让每一个孩子走向成功",他认为教育者通过"尊重、理解,赏识、激励"就能给孩子一个成功的机会。他们创办"成功节",举办"成功课堂",每天提醒孩子你获得成功了吗? 这是我第一次真切地感受到一个校长的办学理念可以有如此深入骨髓般的影响! 以往做校长和副校长的时候我也知道要有自己的办学理念,要紧紧围绕办学理念开展办学活动,可是停留在纸面与口头上的理解是很无力的,它很容易就被时间消磨得一点儿不剩。办学理念是学校的魂,是学校的精神,是一所学校发展的不竭动力!

做过校长,也离开过校长岗位,如今又从另一个角度看校长如何办学,拱宸桥小学挂职学习进一步提升和充实了我的管理理念。以往总觉得做校长就是管好学校老师的教学,管好学生的学习,管好学校的建设,平平安安就可以了。"让每一个孩子走向成功"的理念告诉我,学校需要魂,需要精神,她是有生命的,只有拥有并践行办学理念,才能让学校走向成功,走向卓越。

以前虹星小学也提过"团结、向上、严谨、求实"的办学理念,有的学校还会斟酌是四个字好,还是八个字好,很多也只是为了提而提,却很少去思考为什么,怎么样。"让每一个孩子走向成功",童叟皆识,它反映了学校管理者真正将学生放在了第一位,关注每一个鲜活的生命体,关注他们的生命质量。走向成功,这是每一个家长和孩子的梦想啊,能实现梦想的学校肯定是优秀的学校! 王校长和他的团队不仅是这样说的,也是这样做的:成功课堂、成功节、成功文化……如拱宸桥小学的喜报制度,将终结性评价变成了日常的过程性评价,将综合性评价变成了个性化评价。你进步了就给你发进步奖,你才艺不错就给你发才艺奖,每一个孩子个性潜能不同,表现出的行为特征也不一样,这样的评价给了孩子成功的喜悦,给了他们发展的自信。他们将每天的升旗仪式、开学仪式、节庆主题活动,办得很有仪式感。我听过王校长的课,参加过他召开的工作会议、行政会议,所以我觉得王崧舟老师的"新成功教育"做得真的是非常到位,确确实实能够让人感受到一种文化的张力、教育的张力。我既幸福,也惭愧,幸福的是自己能有这样好的机会接近优质学校管理的法门,惭愧的是自己原来的学校管理与办学思想跟他的差距是如此之大!

在拱宸桥小学半年,我如干旱的禾苗大口大口地吮吸着教育教学的营养:写了十多篇随想、反思,在王校长的徒弟,也是他的助理邵宏锋老师的帮助下,我记录和收集了拱宸桥小学的教育教学素材资料,参与了王崧舟校长的名师工作室,和成员们一起研课、磨课。2005 年 3 月,我带着厚厚的一本笔记和数据文稿又回到宁波市唐弢学校开始新征程。那时自己觉得心里亮堂了好多,好像教育的明天是看得到的蓝天。想到这,自己好像突然充满了力量,有使不完的劲,觉得有很多事情可以去做,甚至我可以预见到做下去的结果。在拱宸桥小学我已经看到了"成功之花",起码我可以去模仿,或者往"新成功"方向靠拢。我首先将自己学校的情况与新成功教育的理念进行了分析,对照实际向校长和老师们提出了不少有效的建议,还牵线组织了一次杭甬两地的教学分享活动,杭州拱宸桥小学的优秀教师与唐弢学校的老师一起上课、交流,共同分享语文教学的新理念。例如参照拱宸桥小学的《学生权利保障条约》,确保唐弢学校的学生在学校应该享受的权益,将公正、公平地对待每一个孩子写入条例。当时宁波的课堂改革正如火如荼地进行着,我觉得这对改变教师与学生的传统地位,由教师主体转向学生主体,由师本位转向生本位具有重要的意义,就根据学校实际也做了一版在学校推行。我相信随着时间的推移,老师们的生本意识、课堂主体意识肯定会发生改变。

学校管理和课堂教学一样,主动学习、寻求变革与被动学习应付完成任务的效果是完全不一样的。拱宸桥小学的科学管理和王崧舟校长所倡导的新成功教育、诗意语文都给我在唐弢学校的教育教学实践提供了重要的思想和行动源泉。

第三节　支教岁月,初试"最优发展"理念

2005 年浙江省教育厅开展教育强县对口支援工程,江北区对口支援舟山嵊泗县。当时嵊泗县需要我们支援语文、数学骨干教师各一名,因为去的是边远海岛学校,为了安全等各方面因素,局领导找我谈话,希望我能和江北实验小学的教导主任——数学老师王洪乾一起代表江北区去舟山嵊泗县全职支教一年。2005 年 8 月底,在吴佩国副局长的带领下,我们坐了两个多小时的快艇登上了嵊泗县码头。到了县城菜园镇,嵊泗县教育局领导给我们初步介绍了当地的教育现状,并告诉我们,去支教的学校是在外岛嵊山岛上的嵊山小学,那是舟山最东边的一个有常住人口的小岛。以前嵊山岛是东海最重要的一个渔场,后来随着渔业资源的萎缩,岛上人口急剧减少,学校规模也小了很多。我们去的时候还剩 9 个班,教师队伍很不稳定,教学质量也下降得很明显。

8 月 31 日我们又坐了两个多小时的船,才登上充满鱼腥味的嵊山岛。因为马上要开学,除了我们两个,学校的其他老师都已经报到了。学校早就给我们安排好了工作:我担任 601 班班主任兼语文教师,同时还上品德、班队等综合性课程。上了几天课我就发现这个班的纪律松散,学风差,很多学生的成绩都不理想。这可怎么办? 嵊泗县毕业班每年都要参加全县统考,还要排名通报。可以想象这对我来讲压力有多大,我们顶着宁波教育强县骨干老师的头衔来海岛教学,万一没带好,自己面子事小,就怕把江北区、宁波市老师的形象也搞坏了!

既来之则安之,我想只要我用心对待孩子,用心教学肯定能不辱使命。这一年,我吃住都在学校,由于交通不便,一个月才能回趟家,所有的时间基本都花在了教学上,花在了班里的孩子身上。一次,我在教室上

《开国大典》,上着上着,不远处办公室的几个老师都停下手里的事静静地听我上课,听我带孩子们诵读课文。一个老教师还故意走到教室走廊上隔着玻璃窗听我给孩子讲《开国大典》。多年后相聚时说起那段岁月,周老师总是赞许地说:"你的课上得真好,讲得好,读得好,课堂气氛就像是在开国大典现场,我这么大年纪从来没听过这么好的课,宁波老师水平真高!"我被他说得着实有些不好意思,其实我没想到学校老师会来听课,只是按照日常的课程准备,里面难免会有不严谨之处,要是知道老师们会悄悄听,说啥也得反复推敲设计方案。但反过来讲,正是我每一堂课都是这样上的,才提升了这个班孩子们的语文素养,正是每堂课都用心地教,才让孩子们喜欢语文,喜欢这门学科,从而喜欢上自己。至于公开课,一年里我应县教研室邀请给全县教师上了两堂课,一堂《詹天佑》,一堂《两个成语故事》,受到了县里领导和老师们的好评。

尽管我用心地教学,每堂课都力争给孩子们留下深刻的印象,可他们学习的成绩还是变化不大。搭班的数学老师陈建明说,这里的小孩就这样的,野得很,不读书,真教不好也没办法。但我清楚,成绩差不是这些孩子不聪明,而是没人管,"野"出来的,他们父母都是渔民出身,要么经常出海捕鱼,要么做鱼货生意,哪有时间教育、引导孩子的成长呢?看来要抓成绩还需从此处入手。一方面我利用晚上和双休日时间上门家访,每户必到,通过与家长访谈,我掌握了学生们的一手资料,有户家长我去了三趟才见到,觉得打鱼人真的很辛苦;另一方面,我从课堂纪律、作业质量入手,培养学生良好的学习习惯和班风、学风。从这以后,班级风气转变了好多。一年时间,我和孩子们学习在一起,活动在一起,甚至假日还和他们一起去钓鱼、拾贝、赶海。那时操场北角有块空地,荒了很长时间,我看怪可惜的,不如拿来给学生做实践体验园,征得校长同意后,我就开设了"种玉米"的综合实践课。我们从分组到制定方案,明确分工,最后到动手实践,干得有模有样。以前他们撒欢的空地在我们的共同努力下,长起了一垄垄玉米。浇水、除草、施肥,孩子们每周还定期观察、记录玉米的生长情况,撰写观察日记。就这样,我和孩子们一起学习,一起劳动,一起快乐,半年时间里很多同学写完了3本日记本,那可是他们平时作业量的五六倍啊!日记里面描绘着的是孩子们纯真的心灵,美丽的世界,快乐的童年。慢慢地,我发现我对海岛孩子的理解越来越深了,也越来越爱他们了。语文周记慢慢变成了语文日记,孩子们每天写眼里看到的"新"世界,心里感受到的"新"味道,我无论多晚,必定在晚上批完他们的日记,而且每篇都会写评语,第二天读徐老师的评语成了学生到校的第一要事。至今,我还保存着一部分学生的日记,我觉得里面也有自己的一份可贵记忆。付出总有回报!就这样,班级语文成绩在不知不觉中上来了。6月底,我们参加了县里的统考,尽管成绩出来的时候我已经离开学校回到了宁波,但搭班老师发信息告诉我,601班这次成绩很出色,学校被局里表扬了,校长也特别开心。特殊的地域环境,使海岛的学生更需要优质的教育,更需要富有爱心的老师,同一片蓝天下,他们同样可以获得成功,获得最优发展。

在嵊山岛支教的一年里,我发现有很多资源可供利用,特别对于我们城里的老师来说,那里的资源只要好好挖掘、开发,都是可贵的学习资源。国家基础性课程建设体系中早已经有地方课程、校本课程等内容,而我就是挖掘了这些身边的学习资源,将类似"种玉米"的活动整合到我的语文课中,让它成为语文综合实践课,学生在《种玉米》《探访嵊山》《美丽的海洋》等实践体验过程中学习语文,提升语文素养。学生也在这段时间里初步体验了自主、合作、探究的学习方式,尝试了方案制定、分工协作,回顾交流、总结评析这套流程。作为一名老师除了要有丰富的专业知识和技能技巧,在课程开发和资源整合上也要具备一定的能力。在地域环境、风土人情、物产建筑等每个方面都要有自己独特的见解,并加以开发利用,而这都是很好的课程资源,因为生活即语文,语文即生活。

支教工作枯燥又辛苦,但正是在这样一种没有世俗纷争和诱惑的世界,才能够让人静下心来做学问。支教一年,我自己明显感觉在专业上又有了进一步提升。在嵊山工作的一个月里,我看完了平时一年时间才能看完的书,一年时间将经典课例反反复复揣摩,结合语文教学的动态,边思考边吸收。两次全县观摩课、一次全县语文优质课点评,我为自己和江北区赢得了声誉。记得优质课点评时,我都会在听完课后快速地设计出改进后的教学方案,反馈的时候告诉他们,很多老师被说得心服口服。正是因为我一针见血地指出了一些老师授课症结所在,并给予改进意见供他们参考,我的专业态度和能力也再次得到了老师们的肯定和赞扬。现在想想没有那样的环境和工作的压力,自己也不会有这么大的提升。从一个普通的老师走到现在,往往需要反复琢磨,亲身实践才能有深切的感悟。一个年轻教师要成长,这是必须要经历的一个过程。

嵊山小学一年的支教,不仅丰满着我的教育理念和学生情结,也让我以心交心地认识了一群好老师、好朋友。他们扎根海岛,奉献海岛,为了岛上的学生抛家舍业,忍受枯燥与寂寞,默默地奉献着自己,我为有幸认识他们,与他们共事而感到骄傲。

第四节 "最优发展",从体验成功开始

从1994年参加工作到2006年这十几年的时间,我也换了不少学校,虽然每一段工作经历中都有短板和低谷的时期,但却能在不断地学习中使自己得到弥补和提升。到底是什么力量,让我没有消沉沮丧,反而把握机遇,挑战新岗位呢?细细想想,应该是"爱"。这些年,无论是从分配到四个班级的村小,还是到二十多个班的中心学校,无论是从普通老师成长为校长,还是从校长到中层干部,甚至到海岛学校任临时班主任,我觉得我一直对学生、教学、学校教育充满了爱。正是这份爱,使我在遇到困难,遇到挫折时都能够很快地调整。正是这份爱,使我不断地去思考,不断地去努力,不敢有所懈怠。

我比较崇尚一种愉悦的工作氛围,觉得教育是培育人的工作,要学生"乐学",教师就要"乐教",校长就要"乐管",快乐不代表闲散,更不是放任。它只是专注教育,健康、阳光、自信,用心传道的工作状态。2006年7月,我结束支教工作,接受教育局党委的新安排,离开宁波市唐弢学校,去宁波大学边上的宁镇路小学当校长。再次接过校长的委任状,自己感觉沉甸甸的,不再像六年前那么彷徨、忐忑。暑假里,我认真梳理了自己这些年的学习经历,特别是在拱宸桥小学挂职半年获取的教育教学管理经验。

上班后,我并不急于去改变什么,而是沉下心来调研、思考。一个月后,学校历史沿革及各项基本情况和地域环境、教育资源利弊就了解得差不多了。我又用了一个多月时间对照校情进行了学校远景设计,制定了中短期发展纲要:充分利用宁波大学优势教育资源,加强校园文化建设,以学生评价制度改革为突破口,充分关注并发挥学生的主体意识,实现

"让每一个孩子享受成功",通过三至五年的努力使宁镇路小学成为江北区精致型优质学校。这些年,自己对管理、对教学、对学生的看法都在不断趋向成熟,考虑问题更加全面深入。例如到宁镇路小学调研后,发现学生中80%以上都是外来务工人员子女,其他地段学生每班大概五六个,既有宁大教工子弟也有附近两个小区的学生,无论学生还是家长素养实在相差很大。全校六个班级,两百三十多个学生,十三个老师,一所小的可以让人遗忘的学校。那时候我第一个考虑的就是不管大小我到底要办一所怎样的学校? 我要带给孩子什么样的教育? 没有清晰的办学目标,那学校就必定成为"无本之木,无源之水"。我的考虑就是要把学生放在第一位,要突显学生,老师、学校都是因为学生的存在而存在,学校应该为学生的幸福成长而服务。面对种种困难,我和老师们一起思考着如何能让"宁镇"的孩子感受到成功的幸福,享受到成功的快乐,哪怕一次也好!"让每一个孩子享受成功"自然成为我们共同奋斗的愿景。我们发扬"圆桌"精神,积极实践,共享合作,特色发展。喜报、爱心屋、新闻发言人、志愿服务、实践拓展、田园种植等纷纷从案几的文字变为行动。比如为了让学生享受成功,我们自己在不大的校园里举行了首届校运会,改变了多数学生从小学一年级到六年级都没有参加过运动会的体验。在全体老师、家长,还有宁波大学体育学院志愿者的努力下,我们硬是在只有三条50米直跑道的水泥地面上举行了第一届宁镇路小学趣味运动会,尽管场地小、条件差,但是仪式和竞技状态仍旧有模有样。老师们虽然辛苦了,操心了,但是学生有了一个全新的体验,一个对其人生很有意义的体验——参加校运会,收获喜悦、收获自信,更收获了成功!

　　宁镇路小学地处江北区的最东端,和镇海交界,但旁边却是宁波最大的综合性大学——宁波大学。学校班子一起摸底、分析如何发挥宁大对我校优质发展方面的巨大作用,多次上门拜访宁大工会、信息科学与工程学院、人文与传媒学院、外国语学院、教师教育学院,召集部分宁大教师召开座谈会,倾听他们的合理建议。我们的坦诚和尊重很快赢得了宁波大学校办、团委、工会及各个学院的帮助,宁大的老师、学生成了学校志愿者,积极参与学校的教育教学和群团活动,相关学院的实验器材、场地、剧院、运动器械场馆都向宁镇路小学免费开放。学校借力宁波大学,从2008年就深耕校园文化,做"盆景式"的文化校园:盆景虽小而微,但是精致、耐看。在大家努力下,校园绿色葱茏,树木成荫,学校角角落落的每一堵墙上都能看到学生的作品,每一个角落仿佛都能听到学生的欢声笑语,"宁镇"学生文明、礼貌、乐观、开朗的形象给大家留下了深刻的印象。阅读书吧建立起来了,专业教室装饰起来了,趣味体育节、书法比赛、器乐比赛、小歌手比赛等校园活动丰富起来了。在各级各类比赛中成绩也慢慢地突显出来了,如学生在CCTV英语大赛中获二等奖,"红领巾"鼓号队还在宁波市拿了一等奖……这支从两百多学生中选出的四十六名鼓号队员硬是从解散的边缘,到自筹经费更新老旧乐器、服装,暑往寒来刻苦训练,就这样在老师、学生、家长的共同努力下,终于代表江北区捧回了市一等奖的奖杯。

2010年10月,我因工作需要调离宁镇路小学。离开时看着自己为之努力和奋斗过的学校,心里满是留恋。毕竟在这四年多时间里面,自己投入了很多心血。由于家在城市西边,每天从城市的最西边到最东边,要将近一个小时的时间。为了避开上下班堵车高峰期,我每天是迎着朝阳去,追着落日归,冬天日落早,回家路上天都已经黑了。为了学校经常顾不到家庭、顾不了孩子,所以也觉得蛮对不起儿子的,在他小时候没有抽出更多的时间陪伴他成长,一次也没有参加过他的家长开放日、家长会。为了让更多普通的孩子也能享受成功,获得最优发展,我想儿子长大了应该会理解我的。

在学校管理上,我不断地践行着自己这些年管理培训、挂职学习回来后的经验总结,从学校文化到课堂改革,从学生发展到教师成长,从内部资源挖掘到外部拓展,且行且思。

在教学上,我时刻关注教学发展,关注课堂教学改革,2006年就在学校倡导"以生为本"的课堂教学理念,逐步引导老师从关注教材到关注学生,从关注怎么教转变为教什么。不仅自己带班积极实践,还要求老师们去大胆尝试,小组合作、自主探究、充分拓展,当上海的小班化教学已经搞得风生水起、享誉全国的时候,小班化的种子似乎在宁镇路小学也已经悄悄地萌芽了。

也正是在这样的课堂里,在个性潜能得到积极彰显的宁镇路小学里,培养了一批如赵伊豆、黄舒航、刘晟远等优秀的学生。在我们眼里,每一个孩子都是自由的生命体,都是个性鲜明的、充满潜能的天使,关注学生,关注个性,就是关注教育的发展。

2010 年 10 月,过完国庆节,我来到了江北区广厦小学,开始熟悉这所学校,熟悉学校的办学特色和文化。我阅读了学校的自主发展三年规划和相关制度,又分析了学校师资状况和各科教学的实际,分批与老师们交流了如何更好地发展学校。通过调研和分析,我结合广厦小学的办学优势、劣势,重新对学校进行了定位,并对学校原有的办学理念进行了提炼和归纳,将"关心每一个孩子,对每一个孩子负责,给每一个孩子同等的权利,让其得到最优发展"提炼为"让每一个孩子获得最优发展"。这个理念的提出,我想既是对学校管理理念的一次再思考,也是对广厦小学未来发展的一个合适定位。

广厦小学从 15 个班,逐渐扩展到 23 个班,在大家的共同努力下,教学质量、社会声誉、家长口碑不断提高,学校文化和特色不断积累,智慧小班、蓝天社团效应不断凸显,"让每一个孩子获得最优发展"正在逐步地实现,一大批优秀的学子在这片天地里快乐成长。感恩每一个孩子,感恩每一位家长,感恩每一个老师,感恩每一个关心"广厦"发展的人,怀揣"让每一个孩子获得最优发展"的理想,我们都走在阳光路上……

第二篇　社团之本：

"让每一个孩子获得最优发展"

第一章　促进每个学生最优发展:社团活动的缘起

作为课外活动的一种,对中小学而言,"社团活动"主要是指具有相同兴趣和爱好的学生在教师指导下,通过结成社团,发展兴趣与特长以供其全面发展的一种活动。毋庸置疑,社团活动是学生学习生活中的重要组成部分,对学生的身心健康和全面发展具有重要的意义。"学生社团作为课堂教育的补充和延伸,因其年级的交叉性、活动的实践性、交流的民主性、组织的社会性而具有实践和教育功能,有利于调动青少年学生提高自身素质的主动性和积极性,并为青少年学生道德素质的提高、科学与人文精神的培养、民主意识与组织管理能力的培养提供了广阔的舞台,让更多不同兴趣或特长的学生都能找到展示自己和释放个性的空间。"①《国家中长期教育改革和发展规划纲要》中也明确提出,要丰富学生课外活动,加强指导学生社团组织,给学生留下了解社会、深入思考、动手实践、健身娱乐的时间。问题在于,在社团活动开展的过程中,学校面临诸多难题,不少学校难以把社团活动真正有效地开展起来。有的校长这样说道:"现在的社团活动,我们想办好也难,一方面师资有限、资金有限,许多班开设不起来,满足不了学生的兴趣需求;另一方面,我们的社团老师都是各科任课老师,他们并不擅长指导艺术类、科技类等社团,他们宁可补数学、语文、英语等课,而对于社团活动,他们教得没兴趣,学生自然学得无趣。"②

---

① 薛璐.中学生社团活动对培养创新型人才素质作用的影响研究——基于对青岛市部分学校的调查[J].中国青年研究,2013(1).
② 陈传锋等.当前中小学生课外学习活动的现状调查与问题分析[J].教育研究,2014(6).

有研究者通过对中、日、美三国学生的调查和比较发现,中国学生的课外活动、社团活动最为贫乏,没有参加任何课外小组活动、社团活动的学生比例达 70％。[①] 在这些问题当中,以下几个问题尤为突出:社团活动应该秉承怎样的价值追求?如何改进社团活动的杂乱现状?社团活动进一步发展的出路又在何方?基于此,为了充分发挥社团活动对学生全面发展的不可替代的作用,本书即以一所学校的社团活动的发展脉络为例,尝试对上述问题做出回答。

第一节 蓝天社团活动的缘起

宁波市江北区广厦小学的前身是一所农村完小,2004 年开始投入使用。2010 年,新的领导班子成立后,通过综合考量学校具体情况,确定了"最优发展"的办学理念。在"让每一个孩子获得最优发展"理念的指导下,学校领导班子开始着手对学校进行改革。学校通过调研发现:

1.学生课外生活"放羊化"

当时学校有 16 个班级,500 多名学生,其中,超过 70％的学生为外来务工人员子弟。他们的家长来自五湖四海,以从事零售业和粗加工为主。对这些学生家长而言,他们无暇对孩子的课余时间进行合理安排,这使得不少学生放学之后,就处于"放羊"状态。孩子的学习与发展和学校教育直接画上了等号。

2.学生课外生活"娱乐化"

通过调查发现,随着电子产品日益普及,不少学生的课外活动"娱乐化"趋势明显,部分学生甚至痴迷上网、玩电子游戏。

---

① 胡霞.中日美中学生日常生活比较[J].当代青年研究,2001(4).

3. 学生课外生活"学习化"

受"应试教育"的影响,部分学生家长在学生的课余时间,强迫其去参加与学习有关的培训班,所谓的"特长班"成了补习班,即使是参加特长培训,也是为了入学加分,学生的兴趣受到压抑。

学校有比较宽裕的辅助教室,而且不少教师身上都有一些特长,特别是有些项目正是很好的个性教育与能力拓展的素材。根据上述现状,为了改善学生的课外活动状况,从而真正做到"促进每个学生最优发展",学校根据自身特点和办学思路,决定从课外活动入手,面向全体学生开展社团活动。我们期望通过开展丰富的社团活动最大限度地为孩子插上飞翔的翅膀,让他们在校园生活的舞台上发现兴趣、展示自我、成就自我,最终成为学习与生活的主人,真正实现学校教育的"减负增效",让学生过上幸福完整的小学生活。

学校将社团所在的教学楼定义为一座校中之城,一座学生的快乐之城——"蓝天城"。以"蓝天"命名,意喻这是一个让学生充分开放个性发展的空间,在这儿,我们为孩子插上飞翔的翅膀,撑起一片蓝天,任孩子在蓝天中自由翱翔。

一方面,学校安排老师利用自己的人脉资源积极与社会上一些具有社团教学经验的专家联系;另一方面,向全体老师发出了招募令,大家根据自身特长向学校申报社团辅导项目。学校也专门成立了一个社团项目考评组,对老师申报的项目进行考察、审核。我们剔除了跟学业关系密切的奥数、英语阅读、写作等项目,将柔道、编织、刺绣、书法、篆刻、纸艺、合唱、电子琴等选入了蓝天社团。校外的一些书法家、网球教练、小号名家等纷纷挤出时间加入了社团,学校自己的辅导老师也经过统一培训和准备,纷纷上岗了。2011 年 9 月中旬,一个面向全体学生、全免费的社团活动课在每天下午的 3:30～5:00 正式开始了。这一年,我们陆续推出了 28 个社团,学生参与率达到了 90%,放学后原本静悄悄的校园再次活跃起来,因为孩子们在课后找到了属于自己的社团,他们既新奇、激动,又如饥似渴。

一年时间,社团活动就取得了明显的效果。原本嬉闹于马路、菜场、小区的"野孩子"不见了;原本以电视、游戏机、网络为课余"主粮"的生活逐步被歌声、琴声、航模作品、手工刺绣活动所替代了。校园里到处挂满了学生的美术、书法、手工等作品。通过社团活动,学生们学会了自主、合作、分享,家长、社会对学校教育的口碑不断提升。一个家长看到摆在橱窗里的自己孩子的作品时说:"看到我孩子画的这幅画,我仿佛看到了他在社团里快乐地学习"。虽然我们的社团起点低,设施设备也都很简陋,但是,孩子们在其中学习是幸福、快乐的!

宁波市江北区广厦小学位于美丽的姚江畔,地处繁华的万达商圈核心区,是一所环境优美的六年制完全小学。校园占地 20000 平方米,建筑面积 10007 平方米,拥有 200 平方米标准室外运动场,740 平方米室内体育馆。作为宁波市江北区智慧教育试点学校及省小班化联盟学校,学校拥有一流的硬件设施,全校每个班级和专用教室都配备了短焦电子白板、智慧教室软件系统,其中十个教室中的三个专用教室还配备了 Hi-Teach TBL 团队合作学习系统,并有一个标准的电子书包教室。学校专业辅助教室十分齐备,阅读、舞蹈、音乐、美术、计算机、科学、书法、柔道、纸艺等都拥有自己的专业教室。

学校有各级各类教师 48 名,平均年龄 35.4 岁,其中具有大专及以上学历的教师占总人数的 95.8%,专任教师 2 人具有高级职称,一级教师有 29 人。全体教师敬业爱岗、无私奉献,有一支业务精干的区名教师、名班主任、骨干教师、教坛新秀队伍,每年在各级各类专业比赛中都能取得优异的成绩。虽然学校在硬件、软件设施方面较为先进,但学校建设却存在先天不足,广厦小学作为宁波市第一批经济适用小区——广厦怡庭的配套学校,地处城郊,学生生源、家长素养与中心小学存在明显差距。2010 年时,外来务工人员子女占到了学生总数的 70% 以上,而剩下生源中一部分是宁波城区拆迁家庭子女,另一部分是广厦怡庭小区的原有农

村人口。为了寻找建设学校的新途径,我们专门组织家访、召开家长座谈会,对所在街道和周边社区进行走访等,调研后发现:

一、课外活动场所缺失,不利于学生的健康发展

2010 年,学校有 16 个班级,500 多名学生,其中,超过 70% 的学生为外来务工人员子女。这些学生家长来自五湖四海,工作繁重,收入相对较低,维持生计是他们的首要目标。虽然大多数家长对其子女的教育还是非常关注的,但是较低的文化程度和生活上的巨大压力让他们没有能力、时间和精力来科学合理地教育孩子,更无暇对孩子的课余时间进行合理安排,孩子的学习与发展和学校教育质量直接画上了等号。这使得学校成了孩子教育的全职代管人。而当时广厦怡庭附近没有健全的社会教育资源(如少年宫、文化馆),没有良好的社区活动场所,也没有适合学生锻炼的社区活动资源等。因此,很多孩子一离开学校,就没有了专门活动的场所,更没有好的活动内容,所以很多孩子就会进网吧玩游戏,或三五成群在校外游荡,或藏在某些隐蔽的地方玩带有赌博性质的小游戏,更有甚者模仿成人参与赌博……小区里不时看到一些满身尘土、背着书包的广厦学生,直至华灯初上,他们才拖着书包回到可能还是黑漆漆的家里,别说课外阅读、课外活动了,连老师布置的家庭作业都不能及时完成。

二、课外活动内容贫乏,不适合学生的健康发展

随着智能电子产品的普及,加上部分家长的不恰当引导,我们的"00后"在不知不觉中演变为依靠网络和电子产品生活的一代。网络游戏、手机游戏正吞噬着他们的黄金学习时间。于是,"电子娃娃"应声而出,眼睛近视、脊椎变形、运动能力变弱、交际能力变差成了他们身上挥不去的标签。当时五年级三班有个吴同学,父母忙于做生意,很少有时间与孩子进行沟通,孩子的生活、学习都由爷爷奶奶一手包办。四年级时因为他期中考试成绩较好,父母奖励了他一台电脑,家长原本的意图是想方便孩子学

习。可吴某毕竟只是个十岁左右的孩子,进入了五彩缤纷的虚拟世界,又缺乏父母的管制,哪有一点自制力,爷爷奶奶以为孩子没有在外面跑来跑去,只是在家里玩玩电脑,又在自己的视野中,肯定不会有什么事。就这样,不到一个月孩子就沉迷于网络世界,每天越睡越晚,上课无精打采,注意力不能集中,成绩更是一落千丈。当班主任把孩子的这些表现告诉家长时,父母大吃一惊,才把孩子近段时间的表现和玩电脑联系起来。于是,断了网线,搬走了电脑,可吴某已有了网瘾,家里不让打,就偷偷地去网吧,以至于后来甚至发生过几次逃课去网吧打游戏的事。

像这样因为没有必要的兴趣爱好,而被电子游戏、电视节目,以及一些娱乐活动吸引的学生的数量日益增多。我们抽取了80名四年级学生,采用无记名方式进行问卷调查,发现:

在学生的课外活动的内容中占比最大的是看电视,见表2-1-1。

表 2-1-1　学生课外活动占比

内容	玩耍	看电视	游戏	上网	看书	唱歌	运动
%	21.3	31.2	8.8	18.7	10	3.7	6.3

在课外活动中看书时间的分配并不乐观,见表2-1-2。

表 2-1-2　学生看书时间占比

读书时间	10分钟	20分钟	30分钟	1小时	不看书
%	26.7	19.3	14.5	10	29.5

学生喜欢的歌曲内容大多数是学校老师教唱的,见表2-1-3。

表 2-1-3　学生喜欢的歌曲类型占比

内容	流行歌曲	老师教唱的歌曲	不喜欢歌曲	不会唱歌
%	35.8	45.5	9.7	9

学生参加体育活动的形式,见表2-1-4。

表 2-1-4　学生体育活动类型占比

活动内容	篮球	乒乓球	跳绳	其他体育活动	不喜欢体育活动
％	17.5	12.5	22.5	41.3	6.2

随着课程改革的不断深入和推进,随着义务教育的具体落实,为减轻学生过重的课业负担,学生在校内的时间缩短了,在校外的时间相对增加了,因此越来越有必要为学生的课外活动进行规划和安排,特别是从调查结果发现,我们的学生课外活动内容贫乏,形式极其单一,家长又没有能力和时间进行合理的安排,完全以学校教育为主,学校对课外活动的建设势在必行。

三、课外活动被学习活动代替,不利于健康发展

众所周知,部分学生家长侧重于孩子语文、数学、英语的成绩,在课余时间让学生参与各种补习班,以求提高分数。在对当时五、六年级四个班的调查中发现,在参加特长班的学生中,95％的学生参加了奥数班、阅读提高班、英语强化班,只有不到5％的孩子报了体艺类课程。所谓的"特长班"成了补习班,即使是参加特长培训,也是为了入学加分。在选择特长培训课程时,学生缺少主动权、自主权,兴趣受到打压,其中部分学生内心感到压抑。

在提倡学生创新意识、创新精神、创新能力的今天,提高学生综合素养尤为重要。其实,很多孩子喜欢画画、唱歌、跳舞、动手创作、棋海博弈等,可家长却让他们以学习语数英为重,以题海为战。虽然有些家长也看到了素质教育的重要性,但在社会大环境下也无能为力。记得当时有一个五年级的家长向老师诉苦:"老师,我们家孩子非常喜欢画画,每天一有空就拿出笔来画,我看她画得也像模像样,我们也知道这是她的兴趣,这可以发展她的特长。可以后中考、高考都要看成绩呀,她成绩不好,我们只好让她多花点时间在学习上,哪有时间画画啊!"可孩子呢,却认为画画

是她的兴趣,她想画,更想报美术辅导班,她说:"爸爸妈妈肯定不会再花钱让我在课外学画画的,要是学校能开这样的班就好了。既不用浪费课外的时间,爸爸妈妈也一定会同意的。"是啊,同样的辅导班,家长肯定更加信任学校,对家长来说也更省心省力。

四、学校课外活动资源丰富,可支撑学生发展兴趣爱好

广厦小学占地 20000 平方米,建校规模为 24 个班,2011 年时全校只有 16 个班级,学校有不少辅助教室处于闲置状态,学生的人均使用面积也大大超出同级学校。同时,不少教师拥有特长,为开设真正的特长班提供了足够的师资保证。例如:学校的毛老师,担任语文教学工作,业余时间酷爱纸工、布艺、景泰蓝掐丝画,做出来的作品惟妙惟肖,深受学生崇拜;教体育的陈老师是个健身爱好者,平时非常喜欢打篮球,打网球,还经常担任市区级赛事的裁判工作;教语文的朱老师是编织爱好者,喜欢给家人编织衣服、围巾……这些老师所带的班,有相当多的学生或多或少受到了老师拿手技艺的影响。毛老师班上的学生经常跟着老师在课后学习景泰蓝掐丝,虽然没有专门授课,但经过一段时间的学习,有些学生已经能制作出简单的动物画了;朱老师班里的女孩子已经学会了如何起针、回针,手法也已经很像模像样了。这些孩子经常缠着老师给他们"开小灶",他们也非常渴望能有专门的时间、专门的教室、专门的老师来给他们上他们喜欢的课程。对于老师们来说,他们也非常希望能把自己的特长发挥出来,让这些孩子在学习之余丰富生活,陶冶情操。

五、政策支持,为学校开展社团活动保驾护航

省教育厅关于在推进素质教育过程中要切实处理好"四个关系"和加快人才模式的改革,以及要做好"五个结合"文件精神,恰好为学校开设社团课程提供了理论依据和思想保障。"四个关系"指一是处理好校内和校外教育的关系;二是处理好课内学习和课外学习的关系;三是处理好书本

学习和实践学习的关系；四是处理好教师教学与学生自主学习的关系。"五个结合"就是必修课程与选修课程学习相结合、知识学习与思维教学相结合、书本学习与实践学习相结合、制度学习与自主学习相结合、学校学习与社会学习相结合。只有处理好"四个关系"，做好这"五个结合"，才能真正落实"先学后导，和谐高效"的教学模式，才能将课堂教学内容在课外进一步应用和深化。而以上目标的实现完全可以通过开展社团活动这种途径，通过学生的自主学习和自主管理来实现。

综上所述，为改善学校学生的课外生活，践行"让每一个孩子获得最优发展"的办学理念，结合已有的师资优势、时空优势，以及学生的需求，学校决定在校内开设社团课程，并决定将社团所在的大楼命名为"蓝天社团城"——一座校中之城。我们希望在这座蓝天城里每个孩子都能插上飞翔的翅膀，在蔚蓝的天空下自由翱翔，倾听星星的歌谣，欣赏白云的美丽，播撒阳光的激情；为飞翔的雏燕鼓掌，为歌唱的百灵自豪，为每个跨向蓝天的精灵喝彩；在多彩的舞台上激发兴趣、展示自我、成就自我，最终成为学习与生活的主人。（执笔：余亚琴）

第二节　蓝天社团活动的组织与开展

现代教育,应是一种立体的、多元化的教育。秉承着"让每一个孩子获得最优发展"的办学理念,我们积极探索,重新规划儿童的学校生活,注重他们的兴趣、个性发展,让学生在多姿多彩的生活中体验成长的快乐。开办蓝天社团,就是一个重要尝试。

一、活动开设和师资建设

蓝天社团是开设在学校里的社团,其主要目的是满足学生的兴趣爱好和个性发展需求,因此在选择社团内容时经过了慎重考虑。有别于社会上的少年宫、补习班等培训机构,我们剔除了跟学业关系密切的奥数、英语阅读、写作等项目,将柔道、航模、舞蹈、书法、跆拳道、创意美工、合唱、电子琴等选入了蓝天社团。这些内容的开设,既能丰富学生的学习生活,扩大他们的认知体验,同时也能向家长和社会传递一种教育理念——单纯的应试教育内容并不利于孩子的全面发展,在小学阶段学习压力相对较小的情况下,让学生多接触、多尝试、多拓展,他们的未来才会有更多可能。

物色优秀的社团指导教师,是社团工作的重中之重。开展这样大规模、普惠性的社团活动,学校从两个渠道着手解决师资问题:一方面深挖内部资源。学校向校内全体老师发出了招募令,大家根据自身特长向学校申报了社团辅导项目,例如体育组的胡爽老师曾是省柔道队队员、国家二级运动员,她就担任学校柔道社团的指导教师,语文组的毛剑芸老师心灵手巧,学过多种传统手工艺制作,擅长制作剪纸、掐丝画等,她就担任创意手工社的指导教师。学校也专门成立了一个社团项目考评组,对老师申报的项目进行考察、审核。当时,学校共有 32 名教师担任社团指导老师,占社团教师总人数的 70％;另一方面学校努力与周边社区、培训学校等联系。学校安排老师利用手上的人脉资源,积极与社会上一些具有社团教学经验的专家联系,社区擅长串珠和捏面人的老奶奶、校外的一些书法家、网球教练、拉丁舞师等纷纷挤出时间加入了社团。校内外的结合,使得社团的指导教师队伍建设得到了有效保障,见表 2-1-5。

表 2-1-5　社团活动外聘指导教师一览表

社团名称	活动时间	指导老师	来源	特长简介
达芬奇科学	周四	张老师	佳昂培训学校	物理科学
达芬奇科学	周四	徐老师	佳昂培训学校	物理科学
达芬奇科学	周五	李老师	佳昂培训学校	物理科学
彩陶	周二	史老师	佳昂培训学校	美术陶瓷
彩陶	周五	史老师	佳昂培训学校	美术陶瓷
跆拳道	周一、周三	杨老师	甬城跆拳道馆	跆拳道教学
跆拳道	周四	刘老师	甬城跆拳道馆	跆拳道教学
跆拳道	周五	李老师	甬城跆拳道馆	跆拳道教学
电子琴	周二、周三	姜老师	朵拉音乐工作室	电子琴教学
拉丁舞	周三—五	郭老师	宁大外语系	拉丁舞、英语
羽毛球	周一、二、四、五	傅老师	东论羽毛球队	羽毛球
乒乓球	周一、二、三、五	唐老师	省体工队退役	乒乓球
网球	周二、四、五	徐老师	宁大体育学院	网球
硬笔书法	周一	陈老师	市书研会	书法
毛笔书法	周三	周老师	市书研会	书法
串珠和捏面人	周一、三	王奶奶	社区居民	串珠和捏面人

二、时间安排和活动组织

学校开设蓝天社团的一个目的,就是解决学生放学之后去哪里的问题。学生每天下午 3 点 30 分放学,而大多数家长的下班时间都在 5 点之后,因此在社团时间的确定上,我们也广泛征求老师和家长的建议,最后确定社团活动时间为每天下午的 3:30~5:00。这个时间段的设定有着多重考虑:它既承接了学校正常的放学时间,中间的管理不会留下空白,又保证了社团活动的有效深入开展,一个半小时的时长能让指导教师充分传授,孩子们尽情体验又不会感到过于疲倦,而且还考虑了家长的接送时间,解决了他们的后顾之忧。就这样,从 2011 年 9 月中旬起,一个面向全体学生、全免费的社团活动课正式开始了。每天下午 3:30 放学铃声一响,校园内就格外热闹,孩子们纷纷涌入到"蓝天社团城",直奔自己的社团教室,原本放学后静悄悄的校园再次活跃起来。

社团活动的报名以自愿为原则,学生全凭自身的兴趣爱好选择。全校大多数学生都参与了社团活动,其中一部分学生还报名参加了多个社团。社团最初的报名工作和报名方式比较机械单一。开学初,先由教导处发出纸质的"告家长书",当家长和孩子填报好喜爱的社团后,上交报名回执单。然后由班主任初步统计,上报教导处,教导处根据全校社团活动报名情况进行汇总排班。如遇到某些社团报名人数超多或很少,以及时间冲突等问题时,教导处就做适当地调整。总之,尽力做到让每个孩子开心地参加社团活动。

三、学生成长和家长反馈

学生参加社团活动后获得成长,是社团最大的成功。例如卢同学,原本遇到不开心的事情就会慌张,不知所措,有时候甚至眼泪都会流下来,但是,这一切等到她参加了航模社团后就改变了。据她说,她刚去航模社团,和老师同学一起拼插航母。一拿到东西还十分自信,心想:这么简单的东西,我肯定能把它拼好。开始动手了,卢同学凭着自己的感觉,看到什么就拼什么,一会儿拼几个小飞机,一会儿又拼船身,桌子上堆满了东西。这个时候,老师提醒:"同学们,不要随心所欲地去拼,要先从船的整体去着手,由大到小,不然零件会少的。"渐渐地,她开始六神无主了,手也变得不听使唤了。当拿起一个零件时,却弄弯了;当把一个零件插到另一个零件上时,两个都弄破损了;还有两个零件的颜色纸都裂开了……看着别人快要做好的模型,她眼里涌出了泪水,原本高高抬起的头缓缓低了下去,最终,卢同学还是没能完成这个航模。从这次的事情上,她明白了很多。后来准备做一辆四驱车,在拼装车轮的时候,她改变了之前急躁的性格,耐心地将零件一个个塞进车轴,但是这样一点都不牢固,总是掉下来,这次她吸取了上次失败的经验,没有慌张,反而冷静了下来,主动去请教老师和同学是怎么做的,原来是方法错了,应该两个轮子同时装,双手同时用力,这样就能装得又快又好。就这样,这次她终于成功完成了赛车的组装。正是航模社的一次次学习经历让她成长,她之后在学习上遇到不顺心的事,再也不会六神无主,一个人低头默默流泪了。

熊同学连续几个学期都参加了跆拳道社团,虽然这个社团很累,但是却让他受益匪浅。跆拳道馆里贴着几个大字:礼义廉耻、勇敢果断、百折不屈、以礼始、以礼终。这几个大字代表了跆拳道的精神和信仰,自从参加跆拳道社团以后,熊同学的性格也发生了很大的变化,他原来性格内向、胆子非常小,不太愿意跟别人交流,有时甚至连自己一个人在家都会害怕。现在,他胆子渐渐变得大了起来。他的家长说,跆拳道社团不仅让他强健了身体,更令他变得懂礼、勇敢,知道坚持和吃苦,这是任何分数都无法换来的。

又如葛同学,她参加的社团有很多:创意美工、书法、合唱、田径等。但她最喜欢创意美工社团,景泰蓝掐丝工艺画是她最拿手的绝活。刚接触掐丝画,金黄色的金属丝条和鲜艳的画面色彩,晶莹剔透,立体感强,看起来很简单的制作工艺等,深深地吸引了葛同学。但掐丝画看起来简单,学起来却难,首先要学会静下心来,这样才能做得好。"学习制作景泰蓝掐丝画需要心静,不受外界打扰,安静细腻地完成,关键是要能坐得住!"葛同学听了老师的指导,就把胶少放点,把金丝弄得精致一些;上颜料的时候轻轻抖动,不马虎,这样画面就平整、美观。葛同学制作的景泰蓝碳盘工艺画"仙鹤延年"还获得市创意手工比赛三等奖。

可以说,每一个参与社团的学生都获益良多,像书法社团的刘同学拿了宁波市唯一一个毛笔书法一等奖,信息社团的邓同学电脑绘画获市一等奖,校柔道队在市、区青少年柔道比赛中多次获得佳绩……而创意美工社团、柔道社团还分别荣获了江北区精品社团和江北区优秀社团,蓝天社团也在这良好的氛围中越发蓬勃、和谐。

学校蓝天社团开展的成效是否成功,家长的评价高低就是最好的评判依据。通过社团活动,家长、社会对学校教育的认可度、满意度大大提升。在家长开放日活动中,家长们看到自己孩子的作品在校内展出,倍感欣慰和自豪。而在校园网蓝天社团版块的家校联系页面中,从很多家长的留言中也能看出他们对蓝天社团的肯定,如一家长留言:"我孩子很喜欢参加学校的社团活动,以前在外面少年宫学,现在不去了。"另一家长留言道:"学校社团,让孩子开心,家长放心。赞一个!"

自2010年建立蓝天社团以来,社团建设飞速发展,我们的快乐社团吸引了大批区内外同行到校参观交流,各级的社团现场展示活动也多次在我们学校举办,《宁波晚报》《宁波日报》《现代金报》《现代教育报》《光明日报》等纷纷刊登学校快乐社团的内容。

社团展示平台上定期更新展示社团作品,让孩子们体验到成功的喜悦,更激励全校孩子参加社团活动的热情。蓝天社团的成功开展不仅丰富了学生的课余生活,为学生提供了多种学习渠道,还减轻了家长在学校正常放学后不能及时接送,家庭教育无法培养学生兴趣特长的实际困难。学校通过持续、健康地开展社团活动,让学生的兴趣爱好得到培养,合作精神得到锻炼,综合素质得到提升,同时也为广厦小学丰富的校园文化生活添上了一抹鲜艳的色彩。(执笔:陈碧荣)

第二章　由散乱到有序：从社团活动走向主题活动

经过一年的经营，学校的"蓝天社团"从无到有，已经在校园里搭建了一个引导学生最优发展的大舞台。但是实施一年来，学校也发现了不少问题，其中，社团活动的散乱局面尤为突出。

为保证社团活动的顺利开展，学校需要尽可能多的指导教师。学校千方百计地挖掘指导教师，围绕指导教师的特长来开设各种社团活动。我们认为，学校有了一定数量有特长的指导教师，学生的兴趣特长就能得到培养。不过，在实际操作中，由于指导教师的特长各不相同，和学生真正的兴趣也存在一定的距离，虽然学校的社团活动各式各样，但我们不知不觉地进入了一个误区：以成人的特长决定儿童的兴趣，导致一切活动内容围绕着教师转，学生的兴趣成了"附属品"。所以，学校开设的社团活动达到 28 个，从数量上看已经不少了，但真正符合学生需求的有多少呢？

基于此，学校着手对社团活动进行重新规划，围绕 4 个主题安排了 24 个社团，分别是位于一楼的"科技与未来"，位于二楼的"信息与生活"，位于三楼的"艺术与情操"，位于四楼的"传统与人文"，具体安排见表 2-2-1。

表 2-2-1　广厦小学"蓝天社团"主题活动

主题	活动	核心目标
科技与未来	生活科技社团、航空航模社团、模拟城市社团、职业体验社团……	
信息与生活	智慧信息社团、编织社团、英语故事社团、儿童画社团……	
艺术与情操	拉丁舞社团、电子琴社团、古筝社团、鼓号社团、舞蹈社团……	
传统与人文	毛笔书法社团、硬笔书法社团、围棋社团、篆刻社团……	

2012 年 9 月，重新规划后推出的社团进一步受到了家长、学生的热烈欢迎，有的学生一口气报了 3 个社团，参与面达到 100％，对很多学生来讲，在自己熟悉的校园就能接受这种兴趣特长的训练是一件多么幸福的事情啊！对家长来讲，这不仅解决了提早接送孩子的烦恼，也帮他们免除了节假日频繁接送孩子去少年宫的辛苦。学有定时，学有所长，学有所乐，我们不求学生在兴趣特长领域一定要成名成才，只希望他们的小学生活更加幸福完整，未来的人生更加灿烂多姿。

在社团的管理上，我们也在区信息中心的帮助下，开发试用了"社团数字化管理系统"。这套系统将原本复杂、烦琐的报名、排班和滞后、隐性的社团过程管理、单一的评价进行了全面的改革，使学生、家长和老师在网络环境下，持有智能终端就能完成自主报名、排班，上传学习情况、课程内容，以及进行点名、评价等。更为关键的是，这套系统与校园网、工作平台、学籍管理系统都可以共享，家长、老师随时都可以关注、了解和评价学生的学习情况与结果。

为确保社团有序运行，学校还详细制定了各项社团管理制度，如《蓝天社团管理条例》《蓝天社团经费使用制度》《蓝天社团设备管理制度》等，同时，每年筹措资金加大对社团的投入。如在社团教室的硬件配备方面，加大了电子白板短焦投影、多媒体投入等。其次，加大了对社团老师的师德、专业能力培训，每学期都安排两次固定时间的培训，不定期进行专业学习和艺术交流。这使社团老师不仅专业过硬，还都具备较高的师德修养，"关爱学生，关心成长"成为每一个指导教师的座右铭。

第一节　从社团活动走向主题活动

经过经营,学校的"蓝天社团"从无到有,已经初显雏形;自此,学校也为学生搭建了一个挑战自我、展示自我、成就自我的大舞台。但是随着社团活动的深入开展,一些问题和矛盾也逐渐显现出来。

一、社团活动局面散乱

学校发现了社团活动中存在的一些问题,其中,社团活动的散乱局面尤为突出,主要表现在以下几方面:

第一,设施配备不健全。这主要体现在两个方面:一方面,授课地点不固定。刚开始组织社团活动的时候,社团授课地点不固定、不统一,通常都是由指导教师指定,想在哪儿上课就在哪儿上课。因而,有些社团活动地点设置在操场上,有些社团活动在教室里,还有一部分社团活动在音乐、美术等专用教室上课。这样一来,就会发生同一社团在一学期中,授课地点会更改数次的情况,如果沟通不及时,甚至还会发生学生找不到社团活动地点的事情。这样的操作,指导教师的自主性虽强,但是,整体来看社团活动比较混乱无序。另一方面,教室配备不完善。有些社团活动教室配备简陋,没有相应的配套设施,如书法社团没有相应的书法课桌椅,围棋社团没有围棋桌椅等,社团负责教师在社团活动过程中需自己解决这些问题。

第二,社团教学活动随意性明显。随意性主要表现在这样几个方面:1.活动内容不连贯。为保证社团活动的顺利开展,学校需要有尽可能多的指导教师。于是,学校千方百计地寻找指导教师,围绕指导教师的特长来开设各种社团活动。我们认为,学校有了一定数量的有特长的指导教师,学生的兴趣特长就能得到培养和发展。但是,在实施的过程中,我们发现有些社团活动"寿命"非常短暂,基本上只能开一个学期,第二学期就无法延续下去了。就如,十字绣社团、编织社团、橡皮章社团、小主持人社团等,都只开了一次后便"香消玉殒"了。究其原因,主要是社团活动内容连贯性不强,导致社团活动无法深入开展。2. 教学秩序不常规。由于很多指导教师并没有指导社团活动的经验,随着社团活动的不断开展,指导教师开始遭遇"高原期"——活动开展到一定阶段,很难深入下去。为此,学校采取"1＋1"办法,让两位兴趣相近的教师共同负责一个社团的指导工作,这样一方面让现任指导教师有"充电"的机会,一方面让有相似兴趣的教师参与进来,开阔学生的视野。问题在于,虽然指导教师的兴趣相近,但是没有统一的社团指导纲要或社团教学内容计划,有些观点很难统一,所以很难实现"1＋1＞2"的效果,反而给学生带来了困扰。3. 社团活动向师性强。社团伊始,学校是根据教师的特长来筹备不同的社团活动的,而指导教师的特长却未必能是学生的兴趣,它和学生真正的兴趣也存在一定的距离,如此一来,就不知不觉地进入了一个误区:成人的特长决定儿童的兴趣,结果是一切活动内容都围绕着教师转,学生的兴趣成了附属品。原先想利用社团活动来激发和培养学生兴趣的这一目的也成了"空中楼阁"。4. 社团师资水平良莠不齐。我们的社团中,有一部分是由学校的老师来上课,而另外一部分社团请了外聘教师。在这些外聘教师中,他们的专业水平良莠不齐,导致有几个社团遇到不断更换授课教师的问题,可想而知,学生自然也无法从这样的社团中获得满意的体验。

第三,社团评价缺乏引导性。在社团活动中,学校没有建立一种比较完善的评价体系,所以,负责社团的教师通常以自己的方式对学生进行评价,无法起到很好的引导作用。

第四,社团活动延续性弱。当社团活动进行到一定程度后,学生之间的差异性就越来越大。例如在书法社团中,一部分学生书写水平进步较大,而另一部分学生书写水平提升并不明显,因而,同一个班级中,学生书写水平的层次分层就越来越明显。而当第二学期报名的时候,又有新生加入,书法教师为了兼顾大部分学生的书写程度,而忽视了一些特别优秀的学员。这些水平较高的学生因学校社团的教学无法满足其需求会选择到校外培训学校继续深入学习。由于没有科学的评价机制,学校也无法为这些学生提供分层报班的条件,这使社团活动只能停留在基础教学中而不能深入延续。

所有这些问题,导致了社团活动质量低下,也导致一部分社团学员对社团活动失去了兴趣,不再参与社团活动,参与社团活动的学生人数因此下降了不少。为了让社团活动顺利进入常规化轨道,学校不得不正视这些问题,且必须改变社团的"散乱"局面,进而推动社团活动真正"让每个孩子获得最优发展"。因而,学校对社团活动的内涵与目标进行了重新思考和定位。

二、社团活动内涵目标的再认识

如何在社团活动中真正实现"让每个孩子获得最优发展"这一目标呢?我们从学生、教师、育人目标、教育理念等四方面对社团活动的内涵再次进行了深入挖掘。

1. 与学生内在需求相匹配

开展社团活动也如医生给人配药方一样,需要"对症"下药,从学生内在需求出发,学生需要什么,我们就给他配什么样的活动。广厦小学地处城郊,40%左右的学生为非本地户籍人口,很多孩子的父母是普通的外来务工人员。无论是家长还是学生,兴趣单一,优势潜能不明显,与城里孩子比他们明显的不自信、不阳光,但这并不表示他们就没有优势潜能和兴趣点,而社团活动就是要激发孩子自己内在的兴趣。为此我们立足学情构建丰富多样的社团活动。孩子喜欢文学的,就参加文学社、快乐阅读社、英语故事剧社等;喜欢艺术的,就参加电子琴、古筝、合唱等社团;喜欢运动的,就参加网球、跆拳道、羽毛球社团;喜欢动手的,就参加创意手工、航模等社团。如此一来,通过充分发现孩子的内在需求,为其提供展示平台和渠道,从而使其获得最优发展。

2. 学生和老师的双向匹配

在这些活动中,有些社团是教师根据自己的特长开设的,如智慧信息、柔道、书法;有些社团则需要根据学生的个性需求来开设。经过问卷调查,我们发现有一大部分孩子对拉丁舞、街舞、跆拳道等比较感兴趣,那么我们就邀请校外的专业老师来为孩子们开设这些社团;而有些社团则是师生共同感兴趣的,则可以共同开发,如创意美工、舞蹈、美术绘画等。这样,通过师生的双向匹配,达到师生共赢的目的。

3. 与校园文化和育人目标相匹配

社团活动积极向学校的"乐、雅"主题文化靠拢,既有浓郁的中华传统文化特色的社团项目,如琴、棋、书、画,也有展示活力的运动项目,如柔道、跆拳道、短网、拉丁舞等,目的都是培养学生的综合素质,最终达到"让每一个孩子获得最优发展"的办学目标。

4. 与学校开放式教育理念一脉相承

蓝天社团活动应是"开放式"的活动。我们的活动不仅让本校教师自己开发、实施,也充分利用有效的社会资源,引进各类优秀的专业外聘指导教师加盟蓝天社团。同时,我们还应积极与社区、街道、高等院校联系,邀请五老人员、青年志愿者和社工走进社团体验或实践,让学生建构更为健全的认知世界、情感世界和价值世界。

基于上述理念和对社团活动存在问题的剖析,我们发现如何使教育理念目标、社团教学活动和相应的配套设施形成一个比较完善的系统性的整体是解决社团活动"散乱局面"问题的关键。因而,学校考虑将社团活动系统化,使社团形成一个完整的活动体系。于是,学校决定以"主题活动"作为突破口,推动社团活动走向主题活动。这样,学校对社团活动有了一个较为清晰的定位和实施框架,就可以着手对社团活动进行改革了。

三、社团活动"主题化"

1.社团"主题"的框架构思

21世纪是科技、经济迅速发展的时代,在这样的一个时代中,社会对人的要求也是多方面的,它要求人有全面的素质,从身体素质到文化科学素质到思想道德素质缺一不可。教育是为孩子的未来生活做准备的,因而对小学阶段的孩子来讲,身体素质、科学素质和人文素质是最基本的三种素质,不管孩子将来选择了哪种发展方向和职业,他们都应具备这三种基本素质。身体素质是一个人的"本",科学素质是一个人的"势",人文素质则是一个人的"根"与"源"。同时,艺术活动也是培养孩子们人文素质的重要载体。而阅读习惯和人文素质的培养就是最好的德育,是把善良、美好的品质种在学生的心中,是为他们扬帆远航储备"压舱石",确定风向标。所以,我们决定围绕身体素质、人文素质和科学素质三个方向来设计社团活动内容。基于以上的育人目标,学校综合了学生对已有社团的喜爱程度、学生的实际情况、学校所在社区资源等方面的内容,最终确定了与科学素质、人文素质和身体素质相对应的五大主题:"科技与未来""信息与生活""艺术与情操""传统与人文""运动与生命"。具体的社团主题构思框架如图2-2-1所示。

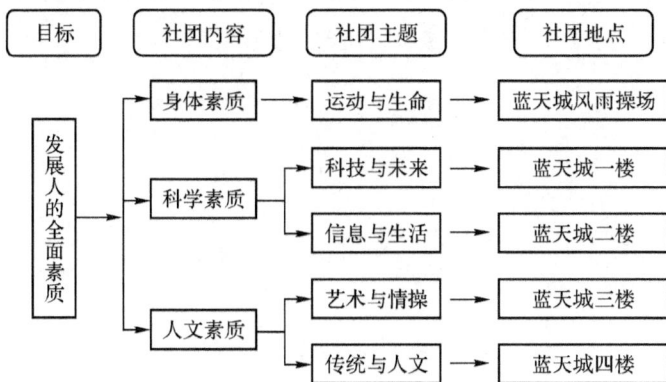

图 2-2-1 社团主题构思框架

2.社团"主题"的内容确定

我们对社团"主题"活动的内容作了具体的描述和设置,见表2-2-2。

表 2-2-2   广厦小学"蓝天社团"主题内容

社团主题	主题愿景	社团活动示例
运动与生命	学习和掌握运动技能,锻炼意志能力,提高各种身体素质,拥有健康体魄,培养积极乐观的生命精神。	网球、羽毛球、跆拳道、乒乓球、柔道……
科技与未来	培养学生科学素养和探究实践能力,体验职业价值。	生活科技社团、航空航模社团、模拟城市社团、职业体验社团……
信息与生活	了解掌握信息技术的基本知识和技能,培养兴趣,回归生活,感受童年生活的乐趣。	智慧信息社团、编织社团、英语故事社团、儿童画社团……
艺术与情操	以美育塑造心灵,以艺术陶冶情操。	拉丁舞社团、电子琴社团、古筝社团、鼓号社团、舞蹈社团……
传统与人文	了解与习得部分传统文化技艺,修养德性,培养民族自豪感。	毛笔书法社团、硬笔书法社团、围棋社团、篆刻社团……

所有的社团活动就围绕这些主题进行设置。我们还将所有的社团授课地点集中在一座教学楼中,并将这座教学楼定义为一座校中之城,一座学生的快乐之城——"蓝天城"。(执笔:郑聪聪)

第二节 社团智慧化管理

广厦小学本着"让每一个孩子获得最优发展"的办学理念,从 2010 年开始建设蓝天社团。学校社团工作小组多次研讨,制定了《蓝天社团管理条例》《蓝天社团经费使用制度》《蓝天社团设备管理制度》等多项社团管理制度。同时通过各种途径筹措资金,加大社团软硬件方面的建设:如将综合楼改设为"蓝天社团城",装修每一间社团教室,铺设各种电子教学设备,搭建社团作品展示平台等,同时每学期都安排社团老师进行两次固定时间的培训,并且不定期进行专业学习和教学交流,最终使得社团活动丰富多彩,受到学生和家长的一致好评。社团发展至今,每学期都有 30 几个社团,全校 90%的学生参加了各类社团。

但是随着社团规模的扩大,我们发现原有的社团管理存在着很多的问题,这些问题影响制约着蓝天社团的进一步发展,更严重的是会影响社团学生的最优化发展。

一、传统社团管理的问题

为了更好地建设社团,培养学生,社团管理小组仔细分析研究了社团原有的管理方法,发现存在以下几个常见问题。

1. 排班复杂烦琐,很难顾及每个学生

蓝天社团原报名方式采用线下报名。教导处根据全校学生的报名情况排班。

但是每次报名排班总会出现很多状况:有些社团人员爆满,有些社团人员严重不足,有些学生多报了社团,有些学生所报各社团的活动时间冲突。这时教导处需要对社团项目和社团班级进行增减,对社团时间进行调整,并让部分学生进行第二次报名甚至第三次报名。哪些学生去同项目社团的一班或二班?哪些学生要放弃自己心仪的社团改报其他社团?哪些学生会成为二次报名甚至三次报名的对象?这些往往是由教导处和班主任主观决定,社团学生被动接受。由此可见,社团原有的排班报名方式不但烦琐,而且对部分学生和家长来说非常不公平,很多学生被要求第二次、第三次报名,有些学生甚至在老师的安排下去了自己不喜欢的社团,因此很多家长和学生对这种报名排班方式意见非常大。

2.社团过程呈现单一,不能有效记录学生的成长

蓝天社团每位指导老师都非常用心地开展各项社团活动,可以说每个社团每节课都精彩纷呈,但是这种精彩需要被呈现——呈现给家长,呈现给社会,而社团呈现过程就是学生展示的过程。但是传统的社团管理方法使社团过程呈现与评价和学校传统的课堂教学一样,略显单一、滞后,有时"雪藏"在了课堂上,如此精彩的课堂只有在场的学生知、老师知,而最关心孩子成长的家长,只能偶尔从孩子的只言片语中得到零星的消息,这样的社团模式非常不利于家长对学校社团工作的支持,不利于学校社团活动的进一步开展,从而影响学生在社团中的最优发展。

3.学生成果展示性弱、分享性差

学生社团成果的展示与分享能直接促进学生学习的积极性,促进学生更好的发展。但传统的社团管理方法使很多学生的精彩表现、活动成果都偷偷溜走了,没有及时被保存下来,更不用说很好地展示出来。有些就算被保存了,也只是电脑硬盘里的一堆堆无意义的数据,静静地躺在电脑的硬盘里,学生的成果就这样被浪费了。这样的结果对社团老师、学员、家长来说都是一种资源的浪费。

二、社团数字化管理系统初体验

为了真正让每一个孩子在社团学习中获最优发展,学校针对以上社团管理中的三大常见问题,多次召开社团管理层会议,最后决定对社团管

理进行全面智慧化改革——采用社团数字化管理系统。于是学校向江北区信息中心提出申请,申报开通江北教育社团数字化管理系统,并要求在校园网上开发与社团系统同步的社团主页。学校确定了社团管理系统专项负责人员,负责人多次与系统开发专家研讨、设计、修改管理系统的各项模块、功能及各类细节,以避免在数字化社团管理中出现传统社团管理中容易出现的不利于学生最优发展的三大问题。最终社团管理系统确定了四大模块:基本信息模块、报名管理模块、社团管理模块、社团查询模块,如图 2-2-2 所示。其中每个大模块又分成各类小模块,如基本信息模块分成了五个小模块:社团信息管理、社团报名设置、社团课程管理、社团成员管理。

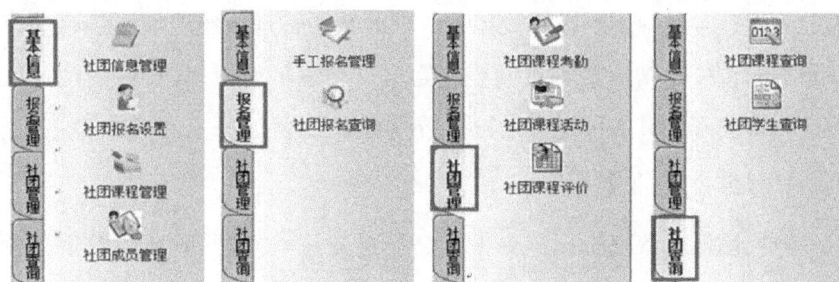

图 2-2-2　社团数字化管理系统模块分类

这套社团数字化管理系统将原本复杂烦琐的报名流程、滞后的排班方法、隐性的社团过程管理及单一的评价进行了全面的改革。同时,系统负责人与设计专家又将此系统与学校校园网同步,使社团报名网络化、社团展示网络化。

2012 学年,学校正式启用了这套社团数字化管理系统,为尽可能发挥这套社团管理系统的智能化功能,促进学生在社团学习中获得最优化发展,社团负责人多次对社团教师和班主任进行全面性、细致化的社团管理系统使用培训。培训让所有参与社团指导工作的教师都熟悉了社团管理系统中本人负责部分的操作技能,清楚地了解这套社团数字化管理系统的管理流程。

三、社团数字化管理系统下的社团管理流程

这套社团数字化管理系统,在日常社团管理流程上有四个步骤(如图2-2-3 所示)。

图 2-2-3　社团管理流程

2012 学年至 2014 学年,社团数字化管理系统的模块和功能在学校蓝天社团管理实践中不断被修改完善。同时社团管理系统实现了后台信息发布与学校校园网信息发布同步。经过三个学年的使用,我们发现这套数字化管理系统具备传统社团管理所没有的三大优势。

1.报名公正,相对公平

原社团报名管理流程存在报名公平性差这一问题,而社团数字化管理系统很好地解决了这一问题,使社团报名尽可能做到公平公正。首先社团管理系统为学生、班主任和社团老师提供了管理系统的登入账号。当学校负责人完成各项社团报名设置后,社团报名通道启动,学生就可以开始报名了。这套社团数字化管理系统是网络版的,可以通过网络进行报名,网络报名方式有四种:学生自报、家长代报、班主任协报或社团教师协报。通过社团数字化管理系统进行网络报名,每个学生都是先报先选,后报后选,学生对社团项目的选择相对来说是公平的,对相同项目不同班级的选择也是公平的,杜绝了部分学生"被迫"二次报名、三次报名的现象,也杜绝了社团教师挑选学生的现象和班主任安排学生报指定社团的现象,使社团报名保持相对公平公正。

2.记录过程,感受成长

蓝天社团中学生的学习过程、教师的教学过程都是学生成长、社团成

长的一部分,社团的每个精彩过程,都可以用文字和图片记录下来,教师在课堂上可以及时收集这些过程,并将这些内容发布在社团管理系统中的"社团课程活动"模块中。在社团教师的努力下,学生的每个成长过程都被清晰地记录下来,学生可以自主查看这些信息,感受自己的成长,感受这个社团的成长,从而促进学生在社团中的最优发展。同时这也是社团活动素材的积累,有利于社团建设更加完善。

3. 成果展示,精彩纷呈

有学习就有成果,社团学习也同样会收获成果,为了展示蓝天社团的成果,学校在校园网上开发了社团模块,并将社团数字化管理系统中的"社团课程活动"数据与社团网页数据同步。因此,每个社团的精彩活动可以通过社团平台即时发布在网络上。学生、家长、教师可以随时关注,并通过博客和微信转发社团活动的信息。

这套社团数字化管理系统的使用大大提高了学校社团工作的智慧化水平,使学生、家长和老师在网络环境下持有智能终端就能完成自主报名、排班,上传学习过程、课程内容,点名、评价等。同时这套系统与校园网、工作平台、学籍管理系统都可以做到同步共享,家长、老师随时都可以关注、了解和参与评价学生的学习。社团管理平台所提供的这些智能化功能,使学校蓝天社团的报名程序更加公平公正,社团过程记录更加完善,成果展示更加精彩纷呈。(执笔:戴静娴)

第三章　从想象到行动:社团活动课程化的努力

在社团活动走向主题活动的道路上,自 2013 年,学校开始关注社团活动课程的构建,并从重点社团突破,以点带面进行了深入的实践与研究。在学校看来,课程是有计划的学习,在学习经验的组织上强调阶段性与连续性,而这些特性恰是原有"社团活动"乃至"主题活动"所不具备的,却又是促进学生发展尤为关键的。因此,构建社团课程是"社团活动"的必由之路,并且可以在原有"活动"的基础上更加突显"课程性",在一般"课程"的意义上着重强调其"活动性"。这恰如美国的课程专家布鲁巴克(Brubacher, L. S.)所总结的那样:"到了二十世纪,人们对课程理论有了深入的了解,大多数教育权威才认识清楚不应当把课外活动看作是正规课程的竞争对手,而应当视为正规课程增大的边疆。人们期望正规课程分支的产生。"①

目前,每一个社团指导教师人手一份《社团活动管理手册》,用以记录自己所指导的社团课程的目标、内容、计划、教学过程及各项资料和成果。学校从中筛选一些做得好的手册,安排专家进行具体的指导,然后逐步形成自己的校本教材、课程活页。如我们的纸艺、魔方、书法、柔道等课程。

开设社团几年来,无论是老师、家长,还是走进学校的客人,都明显地发现广厦小学的社团文化氛围十分浓郁。我们的校外宣传窗、蓝天楼三楼平台的社团展示基地,各个楼层走廊及墙面,各个班级、各个社团教室

---

① 转引自李臣之."课外活动'课程化'"问题探析[J].教育科学,1997(4):11-14.

都是学生作品的展示舞台,这里的每幅字、每张画、每件作品都在快乐地诉说着它的经历和幸福。正是社团,让广厦的每个孩子都在追寻自己喜爱的兴趣,在学习与活动中主动和同伴交流、展示自己在社团中成长的点滴快乐。总之一句话,他们变得比以往更加自信、阳光!社团活动是一份经历,一种体验,是一份与师生成长相伴相生的生命印记。社团活动课程更是学生选择性、适应性、自主性、发展性学习经历的体现。这些经历既让学生当下的校园生活更丰富、更有趣,也使其面对未来发展时更自信、更从容。柏拉图在《理想国》中曾说过:一个人从小所受的教育把他往哪里引导,都能决定他后来往哪里走。因而,广厦小学社团课程的建设不仅使学生的个性得到了最优化发展,而且也为学生快乐成长及其终身发展奠定了良好的基础。

第一节　社团活动课程化的构想与实施

——以"纸艺"课程为例

学生社团作为活跃在校园里的一种组织形式,让学生在生动活泼的自主活动中,获得积极的情感体验,提高实践能力和学习能力,因此,越来越被广大同学所认可和接受,并逐渐融入校园文化中,成为学生们课余生活不可分割的一部分。面临着新形式的发展与要求,社团活动的课程化作为开展社团活动的重要举措,根据学校新课改精神,围绕培养学生创新精神和实践能力的目标,纸艺社团对此进行了有益的尝试和探索。

一、纸艺社团课程化的意义

1.有利于形成学校办学特色

自2012年以来,广厦小学就开设了多种形式的学生社团,受到学生、家长、社会的好评,也给有特长的教师提供了施展才华的平台。为了更好地践行"让每一个的孩子得到最优的发展"的办学理念,纸艺社团将活动课程化,使培养孩子的目标更明确、组织更科学、发展更全面,通过社团活动课程化为建设学校特色办学开拓新的途径。

2.有利于培养学生个性特长的发展

纸艺社团活动课程化的实施,帮助学生了解自我的兴趣爱好、能力特质,形成自我发展的目标、促进自我规划的实现;培养主动积极的学习态度和实践活动能力,形成自己的学习策略与方法,养成制定学习活动计划和总结的习惯;培养与他人合作学习的能力,形成团队精神,在学习活动中形成自律意识,提升关心他人的品德素养。

3.有利于孩子的深远发展

我国著名教育家陈鹤琴先生说："学生应有剪纸的机会。"他认为剪纸可以使学生安静下来,专心致志地干一件事,还可以使他们练出一双灵巧的手,而手巧往往意味着心灵美,这是因为手部肌肉群的训练有利于大脑的开发。根据教学的实际,让每一个孩子得到最优的发展,能给学生提供一个自主探究、展现个性创造及感受、体验纸艺艺术的平台,让学生享受纸艺艺术带来的快乐。

4.有利于促进教师专业化发展

很多事实证明,社团的发展促进了教师的专业化成长,我们知道教师除具有一定的专业知识、通识性知识外,有的教师还有爱好与特长,鼓励有特长的教师在发展专业的同时,尽量再发展一门与专业相关的爱好,并且发展到一定的高度。学校从教师与学生共同发展的理念出发,积极摸底,征集可以开设社团活动课程的教师,对能够提交校本教材的教师进行审核、聘用。他们一旦被聘用为指导教师,就要在兼顾原有学科教学的同时,开辟新的领域。这样就为教师的专业化成长搭建了广阔的舞台,为教师积极主动学习提供了原动力。同时,在课程研发的过程中突出了指导教师与学生的自主、合作、探究精神,充分体现了新课程的校本研究理念,使社团活动不只是简单的玩玩乐乐,而是成为一门更具专业特色的沉甸甸的课程。

二、纸艺社团课程化的构想

"让每一个孩子得到最优的发展"是广厦小学蓝天社团的宗旨,在多年的纸艺社团教学实践中,我们意识到纸艺蕴涵着深厚的纸文化意蕴,将无限的自然造化浓缩到有限的校园里,又将有限的校园文化延伸到无限的生活和历史文化中,让学生受到人文精神的熏陶,参与文化的传承与发展。学生喜欢用自己的作品反映童年的生活,用自己的作品反映对客观世界、自身生活的认识,用自己的作品表达自己的情感。纸艺正好利用这一特点满足了学生的需要。在纸艺社团课程教学中,学生对纸艺制作的兴趣十分浓厚。但在教学中,我们也发现了一些问题,纸艺社团的活动缺乏必要的系统性,没有校本教材,教学安排缺乏整体的计划,活动比较随意,学生不能有效地展开学习,获得完整的知识与技能,不能得到比较完满的情感熏陶。为此,有必要对纸艺社团活动进行教学内容的系统编排,于是我们萌发了开发一套易学、容易操作的"纸艺"校本课程的想法。

1.纸艺课程目标

(1)通过纸艺社团活动对这一民间文化资源的开发和利用,了解中华民族悠久的历史、灿烂的文化,培养学生对祖国民间艺术的热爱,以此来激发学生的审美情趣,陶冶学生的情操。

(2)通过纸艺社团活动,使学生了解纸艺的知识,感受纸艺的魅力,掌握剪纸、折纸、卷纸的基本技能和纸艺的相关知识,以提高学生的综合实践能力。

(3)使纸艺社团成为学校精品社团,努力培养一批具有多方面才能的纸艺小能手。通过纸艺活动,锻炼他们的动手操作能力和与同学合作的能力,增进同学间的感情,培养学生的自主意识、团队精神、人际交往意识、合作学习等能力。

(4)通过纸艺活动与校园文化整合的实践与研究,拓展多元艺术教育,充分发挥学生特长,努力开发学生审美的能力、创造美的能力,增进学生对传统艺术文化的认识,帮助学生培养主动观察、探究及创新的能力。

2.纸艺课程内容

(1)《纸艺》校本教材共分15课时,通过学习让学生了解纸艺是时尚与美的结合,感受艺术的迷人魅力。

(2)让学生熟悉纸艺的形式,包括折纸、纸浮雕、撕纸、剪纸、贴画等;内容包括卡通类、人物类、风景类、花卉类、动物类等。

(3)掌握纸艺的方法:学会剪、刻、撕等传统的纸艺技法,加入拼、贴、折、卷等技法。

(4)引导学生在欣赏各种作品的同时,让学生说一说,做一做,想一想,进行创新设计。

表 2-3-1 是"纸艺"课程具体的内容。

表 2-3-1　"纸艺"课程内容

课次	课程内容	课程目标	课程实施
1	年年有鱼(正方形折叠)	学习正方形折叠,通过折、粘,制作出五彩的鱼儿。	做一做,用细长的纸条折出五彩的鱼儿;玩一玩,用不同色彩的纸条做鱼,效果会怎样?
2	处处闻啼鸟(正方形折叠)	通过不同的折、剪,做出不同的小鸟。	做一做,通过不同的折、剪方法,能否做一些其他形状的小鸟;玩一玩,小组合作拼一幅"处处闻啼鸟"的折纸画,并编一个故事或童谣。
3	南极之旅(正方形折叠)	通过不同的折、剪,做出不同的企鹅,用白纸剪出冰山。	想一想,用不同的彩色纸来制作企鹅,将是什么样的效果;玩一玩,改变正方形纸的大小来做,又会是怎样的呢?
4	小兔子乖乖(正方形折叠)	通过不同的折、剪,做出不同的小兔子,做一幅小兔子在草地玩的折纸画。	做一做,用不同的颜色彩纸折兔子效果会怎样;玩一玩,做一幅小兔子在草地上玩的折纸画。
5	感恩的心(对折剪)	学习对折剪的方法,剪出各种形状的心,要求线条流畅,富有变化。	说一说,为什么剪花纹的线条要流畅、富有变化;做一做,你还能剪出其他花纹的爱心吗?
6	美丽的窗花(四折剪)	学习对四折剪的方法,剪出各种颜色、各种图案的窗花。	做一做,设计不同形状的窗花;玩一玩,把剪好的窗花贴在玻璃窗上,效果会怎样呢?
7	闪闪的星星(五、十折剪)	学习对五折剪的方法,变化出十折剪,剪出各种颜色、各种图案的五角星和花。	说一说,当五星红旗升起时,我们望着国旗上五颗闪闪的星星,你的心情是怎样的呢;做一做,剪出最大的正五边形、正十边形。
8	纯洁的雪花(三、六折剪)	学习六折剪的方法,看看少折一次有什么变化,剪出各种颜色、各种图案的雪花和花。	做一做,设计出更漂亮的雪花;玩一玩,如果少折一次,剪出的会怎样?

续表

课次	课程内容	课程目标	课程实施
9	百合花 （折纸花）	折纸花是通过折纸的方法将精美的花朵展示出来，学习折一片花瓣，然后组合成一朵百合花。	做一做，做一束百合花送给长辈；想一想，怎样才能把百合的4片花瓣折得均匀？
10	郁金香 （折纸花）	郁金香折法与百合花一样，要通过折纸的方法将精美的花朵展示出来。	做一做，学习3种郁金香不同的折法；玩一玩，试着用不同颜色的纸折郁金香，效果会怎样？
11	牵牛花 （折纸花）	牵牛花也是一种折纸花，用不同颜色折出各色牵牛花，并用一次性筷子做成篱笆。	做一做，用不同颜色的彩纸做牵牛花效果会怎样；玩一玩，你能利用一次性筷子做一幅开在篱笆上的牵牛花的画吗？
12	康乃馨 （纸藤花）	掌握做纸藤花的技巧，用乳胶、铁丝，做一束康乃馨。	做一做，做一束漂亮的康乃馨送给你的妈妈；说一说，母亲节到了，说说母亲最让你感动的事是什么。
13	水仙花 （纸藤花）	继续学做纸藤花，特别是水仙花的6片花瓣和花蕊的固定技巧。	玩一玩，把做好的水仙送给亲人、老师、同学，并写上祝福语；练一练，怎样把6片花瓣和花蕊固定好呢？
14	蝴蝶兰 （纸藤花）	蝴蝶兰也是纸藤花的一种，通过上两节学习，学生对纸藤花有了一定的基础，重点学习折蝴蝶兰的花蕊。	说一说，蝴蝶兰的花瓣有几片，是怎样排列的，盛开的蝴蝶兰像什么；做一做，做蝴蝶兰怎样才能做得漂亮些呢？
15	马蹄莲 （纸藤花）	观察马蹄莲的花蕊，学习做马蹄莲花蕊的技巧。	想一想，马蹄莲的花蕊有什么特别之处；玩一玩，用不同颜色的纸做马蹄莲效果会怎样？

三、纸艺课程化的实施原则

纸艺课程与其他课程一样，都是学生全员参与的学校教育活动，在遵循一般教学原则的同时，要考虑到纸艺教学的特点和规律，在组织教学和活动时，还遵循下列原则。

兴趣性原则：纸艺社团课程教学中，设计内容、方法、手段等注重学生兴趣性,根据各年龄段学生的生理、心理特点,运用一切有效的手段调动学生参与活动的积极性。

自主性原则:纸艺社团课程是以活动为主的课程,在活动中尊重学生的主体地位,以学生自主活动为主。即使是学习有关纸艺的知识,以老师让学生带着已有经验参与学习为主,也以老师少传授知识为辅。教师要加大有效指导,多给学生以尽可能多的时间思考、想象、创造,让学生自主地活动、实践。

渗透性原则:将纸艺教育活动看作一个完整的系统,与其他学科中的艺术教育因素相互渗透,实现目标、内容、形式、过程的一体化。

发展性原则:纸艺教育活动以着眼于促进学生全面发展为目的,根据学生的实际水平,以接近学生的"最近发展区"为落脚点,使每一个学生都得到不同程度的提高。

四、纸艺课程的可喜成果

在纸艺的世界中,学生内心深处的创造力得到了最好的释放,创新的意识犹如泉涌一般源源不断地从心中汇集到指尖。几年的纸艺课程实践,锻炼了学生双手的灵活性和协调性,培养了他们专心、细心、耐心等良好的习惯和品质,并引导他们将之迁移至学习和生活中。纸艺还培养了学生的自信心。如周飞飞同学以前总觉得自己不如别人,在纸艺社团活动中,她充分展示了自己的纸艺才能,让老师和同学惊叹不已。在纸艺社团学习中孩子们多一份体验,就多一份感悟、多一分收获、多一份成功和快乐。他们的习作中,带着童心的稚趣与灵动的创意。如周飞飞、谢亚静、陈岚的作品,参加全国创意作品比赛,获得了二、三等奖;葛瑶、王益彤等学生的作品参加市创意造型比赛获得了一、二等奖;陈子菁、潘玺羽的纸艺作品参加区美术比赛,分别获得了一等奖,还有很多学生的作品在各种比赛中屡次获奖。学生在自己创作的作品中体验到了美,享受到了成功的喜悦。

　　一把剪刀、一柄刻刀、一张薄纸,刀走纸舞,毫不起眼的纸张在一双双灵动的巧手下变成一幅幅美图:美丽如画的风景、活灵活现的动物、生机勃勃的植物、未来美好的梦想⋯⋯我们不断研究与探索并时刻关注纸艺社团课程活动的质量,同时通过"感知——鉴赏——创造——展示"等环节来传承纸艺文化,发扬民族艺术的精髓,让纸艺社团活动插上快乐的翅膀,成为师生共同的追求。(执笔:毛剑芸)

第四章　从践行到体悟：为了最优发展的美好梦想

第一节　用手指搭起的成长
——记航模社学生的"最优发展"

没有一个孩子的学习是单纯依靠课本的，学校应该尽可能多地给孩子创造尝试、拓展的机会，所以，在工作的第一年，学校要我担任航模社团的指导老师时，我很欣喜。虽然这是一个新开设的社团，我能借鉴的经验不多，一切都要从零开始：打扫布置教室、招收新成员、购买材料、集体示范、个别指导……但是它也让我得到了最大的收获，那就是见证了学生的成长。

一、从"我的兴趣"到"我们的社团"

兴趣是最好的老师，这句话不假。我私下问过一些学生，当初有那么多社团，为什么会选择报名参加航模社，他们的回答大同小异："因为觉得航模社好玩啊，能够做飞机、赛车……"在学生的心中，根本没有培养自我动手能力的概念，一切都出自于单纯的兴趣。记得有一个姓许的女学生，她参加社团的过程比较曲折，一开始统计社团报名情况的时候，她填了航模社，我还挺惊讶的，平时看她文文静静的，没想到对航模也有兴趣，第二天她妈妈给我打电话，说这个社团是她自己偷偷报名的，没有和家长商量过，家长希望取消报名，我只能把她叫到办公室，跟她说明这个情况，没想到一直文静的她却号啕大哭，她很想参加，就是怕家里不同意才偷偷报名，我觉得不能扼杀一个孩子的兴趣爱好，于是又跟她妈妈沟通，最后她成功加入了社团。看着她破涕为笑的样子，我突然觉得作为一名社团指导教师，能看到这一幕真是幸福。

当然，做任何事情如果仅仅只凭兴趣，那注定是不能长久的，只有全身心的投入，才是前进的不竭动力。当孩子真正投入到社团活动中的时候，你会发现，他们的成长往往超过你的期许。

我挑选的航模材料是比较丰富的，有纸飞机、橡筋动力飞机、电动马达飞机，还有车模、海模、静态模型等等。有一次做的是"辽宁号"的静态纸板拼插模型，配件很多，最关键的一点是在制作的过程中会抠下很多细小的废料。大家都是第一次做这种立体模型，兴致很高，为了让他们能够放开手脚，我还特别将他们带到阶梯教室，每人一张桌子。

领完材料，讲完注意点后，我就让他们自己动手，允许自由走动和探讨。和往常一样，孩子们专注而认真，但是每个人的桌子底下渐渐多了许多小废料——这些东西又小又轻，随着他们不时地走动，使得地上到处都是，我渐渐皱起了眉头，但是还是忍住了，我不想打扰他们的制作热情，只能将这个情况归结于我自己课前没有做过相应提醒。

下课了，孩子们举着即将成型的航模兴高采烈地走出教室，我望着满地的废弃物摇头苦笑，只能跑到办公室去拿扫把和簸箕。等到我从办公室走回来的时候，我惊讶地发现，有几个熟悉的身影在阶梯教室里忙碌着——是航模社里的几个学生，而且还是那几个平时经常调皮捣蛋的学生，他们每个人都拿着扫把在扫地！我顿时被深深感动了，没有人叫他们这么做，但是他们却主动去而复返，默默打扫社团成员留下的废料。我走进教室，问他们为什么回来打扫，他们脸上露出了腼腆的笑容，一个孩子说："老师你说过了，这是我们自己的社团，所以我觉得我要来把垃圾扫掉,而且我们爸妈还没来接,没关系的。"我当时觉得这是我这辈子听过的最美妙的语言,它没有华丽的辞藻,也不是深奥的道理,它是一个孩子有责任感、成长的标志。我笑了,说:"好,我们一起扫!"于是,我们几个开始打扫,因为静电的关系,废料粘得到处都是,我们还用手一点点把它们从各种角落、缝隙中清理干净,整个过程中没人说什么话,也没有一个人喊累或者离开,最后,我们完成了打扫,孩子们满意地离开了。

我的心却久久不能平静,接下来的那次航模社团课时,我在全班面前说了这件事,表扬了这几个学生,我发现他们的脸有点红,眼睛闪闪发亮,也许是因为他们平时在班内很少受到老师的点名表扬吧。下课后,我发现每一个孩子都把自己的桌椅摆放得整整齐齐,地面上再也找不到零星的废弃物了。还有什么比看到这样的场景更让我感到满足的呢?

二、从"我不会做"到"我不想停"

因为是航模社,所以基本上都是男生参加,而且以平日里经常调皮捣蛋的男生居多。这样的孩子优点和缺点都很明显:他们思维活跃,动手能力强,勇于探索尝试;但同时,他们往往不遵守纪律,缺乏耐心,只对自己感兴趣的东西投入热情。尽管我对这种情况有一定的心理准备,但孩子们在第一堂课的表现还是出乎我的意料。

这节课我特意选择做"永不掉落的纸飞机",就是将一张事先裁剪过的纸折成特定形状,然后用一块 KT 板推动飞机下的空气,使其产生上升气流,理论上只要操作得当,纸飞机可以长久滞空飞行。这个作品材料很简单,关键在于掌握操作技巧,反复练习直至熟能生巧。制作的过程没有什么大的问题,毕竟只是折叠,不需要其他工具,但是在尝试两三次后,大多数学生已经放弃了,开始按照他们的想法,变着花样利用手上的材料打闹,玩耍,教室里逐渐喧哗起来。我刚开始还打算控制一下,但很快放弃了,转而开始观察起来:哪些孩子创造力很强、哪些孩子有组织能力、哪些孩子过于自我……快下课了,我要求将作品上交,很多孩子的纸飞机早就已经支离破碎,面目全非了,我将他们都收集起来,逐一标好序号,打上分数,并告诉他们,每个人的作品都会对外展示,成功的作品能换取额外的奖励,于是整个班级安静了。

就这样,越到后来,上课纪律就越好,大家做得愈发投入了,后面几次上课的时候,我只要将材料放在讲台上,他们都会按秩序上来领,我只讲解几个关键点,剩下的部分我刻意不讲,让他们自己探索尝试,彼此走动,参照讨论,每个人的眼里流露出来的都是专注和热情。时间在不知不觉中悄然度过,每次听到下课铃声响起,孩子们都不由自主地发出一声叹息:"怎么这么快又下课了,我还没做完呢!"

除了做到忘记了下课时间之外,在期间还发生过让我感慨不已的一件事:上面提到的小许是个女孩子,当她和一群调皮捣蛋的男孩子坐在一起的时候,就有点格格不入了,尽管她很热爱这些模型,但是由于动手能力不足,又比较内向,不会及时向周边人请教,所以几乎每次她的作品都是最后完成的,总是跑来问我一些最基本的组装过程,常常别的男孩子已经在三五成群地拿着作品玩闹了,她还在调整某一个零件的安装方向。我不催促她,因为尽管慢,但是她很享受这种慢慢摸索提高的过程,而且随着时间的推移,她进步特别快,速度也渐渐跟上其他人了,而且因为女孩子心比较细,作品往往都比较精细。当然,最让我感叹的,则是那次赛车模型组装课。

最后两节课,我让大家组装一个四驱车,这个模型零件多,且大小不一,加上有电动马达,所以比较难。看完我的演示,结合手上的说明书,大家纷纷动手。小许也不甘示弱,也许是因为之前的积累,这次的赛车她拼得格外顺利,比其他人都快,最后,她是第一个完成的,连蹦带跳地拿上来给我看,所有人都用羡慕的眼光看着她。我检查了一下,没有问题,就给她安上电池,打开开关,马达发出阵阵轰鸣,她开心地接过赛车跑到一边去玩了。我叫住她,让她去下面走一圈,看看有没有同学需要帮助,她犹豫了一下,坦然走了下去。看着她被几个男生围着,彼此交流指正,我很开心，这是她第一次和大家打成一片。

在她的帮助下，越来越多的同学完成了赛车组装。这时，有一个男生大叫起来："谁看见了我的那根联动轴，我的那根轴不见了！"联动轴是联结前后轮轴的，没有它赛车前后轮转速不一。大家都帮着找，桌子上、椅子下、周围地面都细细找过，但是都找不到，这个男生很沮丧，我也爱莫能助，每个作品的材料都是额定的，我也没有东西给他替换。这时，小许竟然默默地把她的赛车拆开，抽出那个联动轴递给了那个男生！所有人都惊呆了，谁也没想到她会这么做，我问她原因，她说："没关系，我已经成功了，玩也玩过了，他没有这个拼不了赛车。"那个男生接过轴，不住地道谢。

也许从那一刻起，很多孩子明白了，参加航模社团不仅意味着制作各种好玩的模型，还要彼此互助、分享。制作不停，互助不停，彼此之间的情谊不停！

三、从"我成功了"到"我成长了"

每次周一放学后，就是航模社的活动时间，所有孩子都会以最快的速度到达社团教室，然后等待着我的出现，他们每次都期待做出新的作品。我觉得这也是航模社团最大的魅力，它不像书法、舞蹈等社团，需要投入较长的时间才能慢慢展现出学习水平，我们基本上一到两节课就能出一个作品，并且能够玩，还能够带回家。每次社团活动结束后，班上的孩子人手一个自己完成的作品，骄傲地举着排队出校门，总能吸引其他同学的目光，有时候他们会被人围起来，大家一边打量着新的航模作品，一边问这问那，这时候，那个被围起来的孩子的眼睛闪烁着自信和骄傲的光芒，他的"虚荣心"得到了很大的满足——孩子通过自己的努力，在同学面前，在父母面前，在弟弟妹妹面前获得赞赏和崇拜，获得满足感，往往能促使孩子在下一次制作的时候更加认真，更加投入，形成一种良性循环。所以每次完成一个作品后，他们总会大喊"我成功了！"，我知道，这些作品对他们而言，并不仅仅只是玩具。

　　但是孩子们没有注意到的是,他们不仅一直在收获着成功,还在不断地成长着。记得第一次上课的时候,由于大家都很兴奋,班级里很吵,看得我大皱眉头,如果心静不下来,怎么能做好一个个复杂而精细的航模呢?于是,我板着脸,开始整顿纪律,班级终于安静下来了,但是还是能够轻易分辨出来一些孩子脸上的不以为然。当我开始讲解步骤时,个别人不听完我的讲解就开始自己动手尝试,但是由于有些零件比较小,一不注意就会丢失,而且中间的一些拼搭技巧是说明书上没有的,所以结果自然可以预见,当那些认真听讲的同学开始动手做的时候,那几个提早动手的男生急得抓耳挠腮,不是某个小零件找不到了,就是不知道如何顺利地把关节处连接上,我把他们叫过来,一个个看他们手上的半成品,有不对的就帮他们拆下来重装,缺零件的就把我自己用来做演示的完成品拆开,找出对应的部件给他们补上,从始至终,我都没有说一句话。最后,当我把东西还给他们的时候,那几个男生有点不好意思了,用蚊子般的声音说:"谢谢老师。"

　　之后上课时,他们这几个人变得认真多了,有耐心而且学会去倾听了,我相信这对他们之后的成长也有很大好处。

　　班上有个男生小李,在社团报名的时候,他的班主任就特地跟我说过,这是一个非常偏执的孩子,喜欢将所有事情的原因都推到别人头上,脾气也不太好,在家经常跟弟弟打架。听到这个,我的心里有些忐忑,但是通过接触,我发现他在课堂上的表现还是挺好的,渐渐地,我也就放下心来。

　　有一天,因为学校要布置社团作品展示柜,需要征集一部分航模作品,我就让他们把上星期刚做完的火箭模型带过来。第二天,所有的孩子都上交了他们的作品,就小李的没有交。我把他叫到了办公室,询问原因,他不好意思地说:"老师,那个火箭被我弟弟玩坏了,箭体已经破了……"我听完后,想批评他几句,因为我强调过,每一件航模作品都要认真保管,以备兑换奖励或者什么时候需要,但是我突然想到他的班主任跟我说过的话,就改口问他:"那你有没有因为这个跟你弟弟打架?"他摇摇头,说:"老师,其实是我主动给我弟弟玩的,他后来跟我道过歉了,是我没有管好他,没有让他小心点去玩。老师,您能不能再帮我买一个,我会再做一个上交的,马上就能做好!"我很惊讶,也很感动。不是所有孩子都有勇气主动将别人的责任揽到自己身上的,更何况之前老师还说他是个偏执的孩子。"就冲着你实事求是,不把责任推给弟弟的这种态度,老师不会怪你。"我把自己的那个火箭拿出来给他,又额外奖励了他一架纸飞机。他欣喜地接过飞机,并向我保证,一定让他弟弟小心地玩,不再弄坏。

一个学期只有十五个课时,很短,我们的作品也不多,个别的东西做的也不是很精美,但是我依然觉得,这是我目前带过的最成功的一个社团,因为我从孩子们的改变中看到了成长,看到了友爱,看到了和谐。我们创办社团的最高理想,就是想让孩子们在参与的过程中融入进去,健康快乐地成长,达到了这个目标,我还有什么好遗憾的呢?

愿这群孩子永远记得他们在社团中的收获,用越加灵活的双手,创造属于他们的未来。(执笔:吴琦)

第二节　智慧在指尖流淌，创意在心中绽放
——创意美工社团活动

　　创意是一种通过创新思维意识，进一步挖掘和激活资源组合方式进而提升资源价值的方法。随着创意时代的来临，学生工艺创作活动不仅有助于文化传承，还可以提升人创新的精神和能力，其特点是动手与动脑、理性与感性、科学与艺术的结合。这对于打造创意校园、创意城市、培养学生的创新素养具有独特的作用。

　　苏联著名教育学家霍姆林斯基曾说："儿童的智慧在他的指尖上。"专家发现，如果想培养出智力发达、头脑聪明的孩子，那就必须经常让他活动手指。因为手指的活动能够刺激大脑皮层中的运动中枢，进而促进全部智能的发展。作为教师，借创意手工社团这个平台，用各种废弃材料进行创意手工制作，不仅对学生进行了环保教育，培养学生的环保意识，而且锻炼了学生的动手能力和创新能力，启迪学生的心智，使学生的艺术特长得到充分发挥。兴趣是一个人打开成功大门的钥匙！在社团活动过程中使学生掌握了基本的创作技巧，在展现创新思维的同时，使他们体验到成功的乐趣，在乐趣中可以培养学生观察、想象、实践、创新的能力。

一、尊重学生个性，培养审美情操

　　每周一，对二年级小男生小周同学而言，是他最开心的日子，因为周一下午有创意手工社团课。在剪刀的咔嚓声中，时间总是过得飞快，只见他拿起一张圆形的纸，对折剪出小羊的身子，又拿出一张长方形的纸剪出小羊的四条腿，然后用三角形纸剪出羊的头和角，最后把剪好的材料组合起来，一只可爱的小羊出现在眼前，他还细心地在羊的角上画上皱褶。他

得意地把自己的作品给我看:"毛老师,我的小羊漂亮吧。"这让我想起了小周同学第一次来上社团课的情景:那天,其他学生正在认真地做沙画,而小周同学不好好做,拿着沙在其他学生的作品上东撒一些,西扬一点,好几幅作品因此报废了。我把小周叫了过来,问:"沙画漂亮吗? 你喜欢?"小周说:"我喜欢呀,可是我不会做。"我又对他说:"毛老师和你一起做好吗?"于是,我教他怎样做沙画,还告诉他做手工一定要耐心,要细心,渐渐地他静下心来,一幅沙画就完成了,虽然不怎么好,我还是对他表示了肯定,为他拍照留念。他高兴地告诉我,要把沙画放在《成长纪念册》里。之后上社团课时,他非常认真,做作品非常专注,根本看不出他是一个患有多动症的孩子。学生的差异是客观存在的,我们应该尊重差异,正确对待差异,把差异当作一种资源来开发。针对学生的个性差异和智力发展情况,给他们更多的关爱,更多的理解,用博大的宽容和接纳之心去温暖他们,让他们尝到成功的喜悦,享受发现的乐趣。艺术贵在创新,创意手工课在教学中要尊重学生个性,充分发挥学生的想象力和创造力,让学生展开想象的翅膀,创设让学生表现的机会,让他们尽情表现、自由创作。在艺术创作前,我通过各种途径引导学生去感受、发现美的事物,使学生得到了强烈的审美享受。"儿童的智慧在他的指尖上。"通过各类手工制作,可以帮助孩子安静下来,专心致志干一件事;还可以使他们练就一双灵巧的手。

二、蜕变料作,培养创新意识

料作,就是各种材料。我经常带着孩子们利用废旧材料进行设计和制作,让创意在孩子们的指尖上流淌,让智慧之花在指尖上绽放。废电脑、废木板、废纸箱……这些在日常生活中平淡无奇的材料,在孩子们的手中纷纷改头换面,变身为一件件艺术品。易拉罐、一次性筷子、几个饮料瓶拼装成三个神态各异的小和尚。清明节去山上扫墓,我发现路边有许多松果,就捡了几个,在社团课时,我让学生利用松果、树叶、树枝等废弃物品制作立体牡丹画,学生把松果拆开,反复琢磨,精心推敲,通过剪、粘,终于将一文不值的废品变成了栩栩如生的立体牡丹画——松果为花瓣,玉兰树叶为叶子,树枝为枝干,精心镶嵌于画框内,使作品既高贵娇媚,也不失朴素。这些作品围绕"传承与创意"这一宗旨,以全新的理念设计,诠释和表现了环保作品在现代生活中的作用,充分表现了民族特色和丰富的文化底蕴,给人以耳目一新的感觉。学生在每一项创意作品的制作过程中经常会闪烁出智慧的光芒,在学生的指尖上经常会流淌着智慧和情感。在课堂中,学生在设计制作过程中的每一点进步、每一个创新,我都及时给予热情的鼓励,以激发学生的创新兴趣,点燃学生的创新火花,培养学生的创新思维,增强学生的创新意识,发扬学生的创新精神,逐步培养学生的创新能力。

三、合作交流,培养良好的心理品质

学生经常要合作完成作品。在合作学习中,每位学生不仅要对自己的学习负责,还要对小组内其他成员的学习负责,为小组的集体荣誉负责,这样学生的自学能力、合作能力及与他人交流的能力都能得到提高。教师要为学生营造能够促进他们思维发展与品质形成的活动空间,在学习中与他人互动。如在制作端午香袋时,我把学生分成若干个小组,把做好的"心形香袋"范作分发到各个小组,让学生自己研究它是怎么做出来的,先让每个学生根据学习内容用不同花色的布剪出两个正方形,然后把两块正方形的布缝合、抽紧,一个"心形香袋"就完成了;最后小组成员之间互相欣赏、比较、借鉴。在此过程中发挥"群育"效应,由小组内创造能力强的学生带动创造能力弱的学生,学生的心理品质得到了不同程度的提高。手工制作看似简单,但由于学生个性心理、应变能力、动手能力、审美能力的不同,在创作水平上会有很大的差距。有的学生的手工作品选材恰当、搭配合适;有的学生见了手工材料却束手无策,乱做一气。通过合作学习,可以把学生的个体差异变为一种教学资源。教师教学活动的

出发点和归宿都是学生的学习和发展,要想让学生快乐地学习,关键在于把教师的"教"融入学生的合作学习之中,让学生学起来,学进去,学出兴趣,学出滋味,学得生动、活泼。倡导学生通过自探自悟的合作学习,互相启发,共同探究,培养学生的合作精神和探究能力,以便他们获得多方面的发展。

兴趣是培养出来的。六年级的葛同学自从参加创意美工社团后,她的生活有了改变,以前的她连针线都穿不过去,现在补衣服都没问题。她觉得做一个"小创客"是一件很开心、很好玩的事情,在创意美工社团学习,大家在思考、互助中共同成长,分享着做"小创客"的快乐!

给予一份权利,让学生自主选择;创造一个空间,让学生主动发展;搭建一个舞台,让学生发挥才干;提供一种机会,让学生尝试体验。在创意美工社团中努力挖掘学生的创造潜能,激发学生的想象力和创新欲望,培养学生主动参与、与人合作、与人沟通的现代意识,才能让我们的学生心中流淌出对生活的热情,让创新之花在实践中永远绽放。(执笔:毛剑芸)

第三节　品字习词,快乐书法

对于中小学而言,"社团活动"主要是指:有相同兴趣和爱好的学生在教师的指导下,通过结合形成社团,发展自己的兴趣与特长、促进自身全面发展的一种活动。广厦小学的"蓝天社团"活动自成立以来,由粗放型转向集约型,由完全活动型转向活动课程型,实现了社团活动质的飞越,真正地贴近了"让每一个学生获得最优发展"的教学理念。在"蓝天社团"活动中,"一年级硬笔书法"社团也在家长与学生的需求和学校领导的重视下应运而生。为贯彻"让每一个学生获得最优发展"的理念,也为实现家长对孩子写出一手美观秀气的正楷字的期许,"一年级硬笔书法"社团通过趣味性地自主学习,开拓学生的书法眼界,丰富学生的书法知识,夯实学生的硬笔书法技能,提高学生的硬笔书法鉴赏能力。

一、心在笔墨间

每一学期,怀抱着写出一手美丽的正楷字梦想的一年级孩子,都会在家长的支持下背着小书包踏入学校"蓝天社团城"的书法教室。这些孩子都对笔墨文字有兴趣,都有一颗畅游书法世界的探索之心,都有一个共同的美丽梦想。每一个学期,基本上都会有 40 余个孩子报名"一年级硬笔书法"社团,而为了实现让每一个参加社团的孩子获得最优发展的教学理念,也为了让孩子拥有一技之长,学校对参加社团的孩子实行小班化教育,将 40 余人的大班分成两个每班 20 来人的小班,既保证了课堂中教师对学生一对一辅导的可能,也保证了孩子们的学习效果。参加"一年级硬笔书法"社团的每一个孩子都能写一手气韵非凡的正楷字体。

二、意在课堂中

"蓝天社团"在经历了三年半的发展之后，更加明确了社团活动的性质，也更加规范了社团活动的实行规则，"蓝天社团"的活动不断走向课程化、主题化，乃至系统化。"一年级硬笔书法"社团在"开拓学生的书法眼界，丰富学生的书法知识，夯实学生的硬笔书法技能，提高学生的硬笔书法鉴赏能力"这四项思想目标的指导下，实现了课外活动的趣味性与课堂教学的学术性相结合的社团活动预期。基于此，"一年级硬笔书法"社团的课程设计如下：

1.学生讲故事

在"学生讲故事"这一环节，请已经事先做好准备的学生到讲台上来给其他学生讲述一个书法家练字的故事，或者对一种字体(小篆、隶书、魏碑、楷书、行书、行楷、草书等)进行趣味性的介绍，或者简单地介绍一位书法家的生平。这一环节的时间一般控制在5分钟以内，每一个上讲台讲故事的学生都必须给故事取一个题目，并且在讲完故事后能用"这就是我今天讲的故事，谢谢大家"作结束语。这一环节的设计在于调动学生自主学习的积极性，也希望有助于学生丰富书法方面的知识。

2.教师授新课

攻于书法、经验丰富的硬笔书法老师对学生的指导与辅助是快速提高学生硬笔书法技能、夯实学生硬笔书法基础必不可少的一项内容。结合一年级学生的语文学习内容与写字课学习内容，硬笔书法社团的课堂教学内容设置见表2-4-1。

表 2-4-1 硬笔书法社团课堂教学内容

课时	教学内容	
第1课时	横	例字：上　下
第2课时	垂露竖	例字：本　来

续表

课时	教学内容
第 3 课时	悬针竖　　例字:羊　车
第 4 课时	短撇　　例字:千　禾
第 5 课时	"小小书法家"竞赛(一)
第 6 课时	斜撇　　例字:左　右
第 7 课时	竖撇　　例字:开　井
第 8 课时	斜捺　　例字:大　夫
第 9 课时	平捺　　例字:之　还
第 10 课时	"小小书法家"展览(一)
第 11 课时	提　　例字:刁　虫
第 12 课时	左点　　例字:刃　少
第 13 课时	右点　　例字:主　义
第 14 课时	"小小书法家"竞赛(二)
第 15 课时	横钩　　例字:买　卖
第 16 课时	竖钩　　例字:小　牙
第 17 课时	斜钩　　例字:戈　代
第 18 课时	"小小书法家"展览(二)

每一节社团课为一个课时,在一个课时里,学生需要学习一个笔画和两个含有这个笔画的汉字,在这个过程中可能会涉及学生没有学习过的汉字,我会进行读音和笔顺方面的讲解。这一内容的设定重在让学生学好笔画的书写方法,并辅以相应的汉字练习,让学生在之后碰到含有这个笔画的汉字时能够进行知识上的迁移,从而写好、写漂亮汉字。在教学内容中,还含有两个课时的书法竞赛内容和两个课时的书法展览内容。"小小书法家"竞赛是让学生在课堂上完成老师给定的内容,这些汉字都含有已经学过的笔画,比如"横、垂露竖、悬针竖、短撇",但不是课堂上练过的"上、下、本、来、羊、车、千、禾"这些汉字,而是"五、七、木、巾、平、乎、和"等

这些没有学过的汉字。"小小书法家"展览是让学生回家完成一幅硬笔书法作品,然后在上课的时候进行展示、评议,以便学生与学生之间互相学习。

3.习作做点评

在每一堂课结束后,我都会让学生四人一组进行组内优秀作品选评,由组员共同点评推选出组内最好的一幅作品,然后老师再从这些优秀作品中挑选出最好的两幅作为这一堂课的优秀作品,并对这两幅最终选出的优秀作品进行展示,给予一定的奖励。"小小书法家"竞赛课的时候,我会从学生交上来的书法习作中评选出 1 个一等奖,3 个二等奖,5 个三等奖,对获奖的优秀学生给予奖励。"小小书法家"展览课的时候,我将评选的权力交给学生,让他们根据平时上课积累的评选办法评选出 5 个"优秀奖",3 个"书法能手奖"和 1 个"书法家奖"。通过这种平时小组内互评和竞赛展览时班内评选的方式,让学生自主学习、自主成长、自主鉴赏,成为一个兼具书法技能与书法鉴赏能力的优秀学生。

三、思在言行里

学生通过在"一年级硬笔书法"社团的学习,提高了平时写字时的书法意识,增加了书法知识,提高了硬笔书法的技能,更提高了欣赏硬笔书法的能力。

"一年级硬笔书法"社团将在孩子的书写人生中奠定坚实的书法基础,使孩子日后能够在这条道路上比一般的孩子有更大的、更优越的发展可能。社团活动既让孩子在"玩"中学,又让孩子在"学"中练,使得孩子"玩"有所得,"学"有所获。社团活动让每一个参加社团的孩子获得了最优发展!(执笔:葛淑燕)

第四节　蓝天智慧信息社团之"模拟城市"梦想起航

　　"模拟城市"是一款综合性的智力软件,在小学阶段开展"模拟城市"训练能提高学生的信息素养,能培养学生的自主探究能力及创新能力,能使学生在综合能力方面获得最优发展。通过"模拟城市"操作实践使得学生在科学、技术、社会、人文等各方面的知识都得到综合应用,从而扩大学生的视野、提升学生思考问题的深度和广度,为学生个人素养的最优发展打下一定的基础。学生经过一年的学习,在 2012 年宁波市首届小学生"模拟城市"竞赛中获得了市团体二等奖的好成绩。赛后我及时总结经验并通过不断实践摸索,提炼出了使学生在快乐的学习中也能全部满足赛事额外加分条件的教学策略,确保社团中的每一个学生在智慧信息社团的"模拟城市"学习中获得自身的最优发展。

一、软件初探,领悟精髓

　　为了体现学校"让每一个孩子获得最优发展"的理念,为了激发学生学习"模拟城市"的兴趣,对"模拟城市"这套软件有一个整体的了解,第一节社团课,我先向社团学生介绍了"模拟城市"这个软件的开发背景:"模拟城市"开创了 PC 游戏软件的一个崭新领域,它不再单纯地以绚丽、刺激、高速、反应、暴力为卖点,而是以全局观、逻辑、智力为突破口,让学生完全按自己的想法创造理想中的城市。每一个决定,无论或大或小,都会产生真正的效果。可以建造一个舒适安逸的乡村小镇,自由延展的道路通向城内各个地方;或者建造一个商业重镇,布满高楼大厦,让模拟市民忙碌起来;可以和好友共建伟大工程,为所有连接它的城市提供各种额外的项目。生态建筑向城市输送各阶层的劳动者、消费者、中学生;太阳能工程为城市提供清洁的能源;国际机场带来一波又一波的观光客和工业货物;太空中心吸引众多的游客参观。接着,我让学生欣赏在历届宁波市中学"模拟城市"竞赛中获得一、二等奖的作品,让学生感受"模拟城市"的魅力,从而充分激发他们自主学习的兴趣。然后我会让学生自学软件自带的《初级教程》并适当加以讲解。学生在操作"模拟城市"的过程中被这套软件深深吸引,他们感慨道:"'模拟城市'中市长一职真是充满挑战呀!"作为一名市长需要一双"鹰眼",因为市长要满足城市内所有市民合理的日常生活所需,从规划住宅、商业及工业用地,建设公路、地铁、体育场、海港、机场、警察和消防局,到管理税金及各种公共设施支出的分配。从学生的感慨中可以看出学生已深刻认识到学习这套软件可以让他们的综合性能力、创新能力得到最优发展。

二、他山之石,可以攻玉

在经过一段时间的专业辅导和实践尝试后,他们对"模拟城市"这个软件的大部分功能有了一定的了解,在操作技能上也有了实质性的提高。这时学生内心对操作好这套软件有了强烈的欲望,迫切需要各种实战经验的指导,为了满足学生这种自主需求,我采用以下几种方法来促使学生在操作技能和实战经验方面获得最优发展。

1.经验交流,相互发展

学生的操作技能和实战经验要想得到实质性的进步,闭门造车是不行的,所以我多次邀请兄弟学校的优秀学生走进社团课堂进行现场经验交流。学生和学生之间的经验传递比教师直接传授经验更具效果,更加有利于学生的学习和发展。我多次邀请慈城中学的优秀学生来我校信息社团进行交流,第一次交流,我的学生只是被传授经验,交流后,学生进行实践尝试,积极性空前高涨,几次尝试后他们就能基本吃透第一次交流所获得的技能。接下来的几次交流,他们就不再只是单向的被交流,他们会适时提出自己的想法和经验与"高手"进行双向互动,慈城中学的这些"高手"在传授知识经验的过程中不仅巩固了原有的知识,而且会萌发出新的灵感,同时他们又会把自己这些新灵感和新提升的经验与我的学生进行分享,这种交流方式促进了交流双方的最优发展。

2. 网络求知,拓宽视野

当学生对自身发展的需求越来越大时,我适时为他们提供网络环境。每堂社团课都要安排一定的时间给学生上网查资料,学生可以用搜索引擎搜索他想要知道的有关"模拟城市"的各类资料及操作技术,可以浏览专业网站的论坛精华帖,可以在这些论坛中发帖,寻求帮助。同时,我要求每个学生把自己搜索到的有用的资料下载整理好,与社团内的同学相互分享,整理出最有价值的学习资料,并帮他们打印出来,让学生在课堂中实践操作以验证资料中的一些策略,这样做就完成了"模拟城市"资料的积累。学生收集的资料如图 2-4-1 所示。

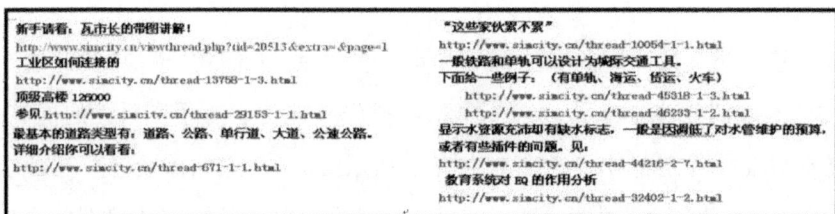

图 2-4-1　精华帖汇总(部分)

3. 透析精品,参透规划

经过一段时间的社团实践操作,学生的经验和技能都有了大幅度提高,这时再次让他们欣赏历届宁波市一、二等奖作品,学生从中会发现自己"建造"的城市和这些得奖作品相比,还有相当大的距离。这时我要求每个学生制定个人的近期最优发展目标,让他们带着自己的发展目标分析 2012 年宁波市"模拟城市"比赛初中组第一名作品,相互研讨推测这个作品的原始规划图是怎么样的,如:工业、商业和居民原始分布,初始的地面交通和地下交通的规划,水电的分配。学生经过多次的分析、研讨及实

践验证,最后推测出了一个相似的城市规划。可以说,这种通过透析精品
作品来参透规划的策略,能最大限度地提升学生的推测分析能力,使学生
的综合分析能力得到最优发展。

三、对比实验,提炼模式

经过实践研究,我发现在"模拟城市"中一些好的技巧是可以复制的,
这种可以复制的技巧我称之为操作模式。好的操作模式可以让学生创作
的城市作品的各项指标更加完美,可以让学生在原有经验的基础上更进
一步优化发展。因此,我认为"模拟城市"操作模式的提炼是必需的,并经
常在课堂上让学生用对比"实验"的方式来提炼"模拟城市"的各类操作
模式。

1. 自主探索对比实验

让学生在同一个存档地图上,反复试验不同的方法(非前经验所得),
统观所有学生的操作成绩,从而得出较好的一种操作模式。

例1:低收、重工、低服模式。在前期城市规划好后,先通过调税率,促
进低收、重工、低服的发展,使低收入人口达到顶点,同时保护 2 * 1 的杂
货铺。通过这种模式刷新人口数量,为后期城市发展奠定基础。

例2:退出起楼模式。规划一块地,建成的建筑总不合意,把建筑推倒
了,结果半天不施工,这时我们可以在它的周边放几个公园之类的公共
设施。

……

2. 新旧经验对比实验

让学生在同一个存档地图上,用新得的经验与原有经验进行反复对
比操作,最后提炼出较佳的操作模式。

例1:前期规划模式。先平地,然后规划居民区 3 * 4、商业 2 * 6、中间
三条单行路线、收费站、工业区进口、居民区和商业区内一部分绿化区域
和公共设施等。城市前期规划如果使用这个模式,学生就能很轻松地让

城市人口突破六万。

例2：促进商业模式。在后期通过调税促进商业发展，同时建设一些促进商业发展的建筑，如银亿大厦、贸易中心、机场等。

3.瓶颈突破对比实验

当学生的操作进入一种人口无法突破的瓶颈状态时，让学生尝试规划各种花园绿地及一些奖励性建筑，从而提炼出突破人口瓶颈的操作模式。

例1：人口突破模式。最能突破人口瓶颈的是建立运动联盟广场。相对耗资量下，在居民区建中型的花园、广场、游乐园，在商业区建电视台，工业区建广播台……

在智慧信息社团的课堂上，我本着"让每一个孩子获得最优发展"的理念，采用多样化的教学策略来激发学生学习"模拟城市"的兴趣，引导学生在社团学习中自主学习、交流合作，使学生的信息素养、创新能力和综合分析实践操作能力得到了最优发展。（执笔：戴静娴）

第五节　奇妙的梦幻之旅

——《风之丘》合唱训练随想

耳畔,回旋着久石让的一曲《风之丘》,在舒缓、清新的吉他声中使人忘却生活的繁杂、纷扰,让人卸下所有的负载,借助这些浅淡的音符轻抚疲惫的灵魂,让人念念不忘……"满山盛开淡红的鲜花,在那个令人伤感的春天。轻轻触摸微风的指尖,感觉像美梦一般的散开……明天将会怎样度过,在托着脸颊思索的窗边。一定可以有新的发现,将会再看到神往的美梦!"孩子们轻吟着如诗般美好的歌词,加上吉他轻扣心弦的音乐,仿佛把我们带入到了具有浪漫风情的欧洲小镇。孩子们欣喜的眼神使我毫不犹豫地选择了这首合唱曲作为这批新学员的训练曲目。

少女、魔法、飞行,宫崎骏影片中最重要的特色大概在 1989 年摄制的《魔女宅急便》中有着最深刻的体现。影片中的插曲《风之丘》旋律优美,如初春温软的微风使人如醉如痴,如初夏明媚的阳光让人心旷神怡。虽然《魔女宅急便》的背景是颇具欧洲风情的城镇,但是歌曲却始终是欢快的美国乡村音乐风格与民谣风格,并糅合了吹管乐在其中,小魔女在天空飞行时的自由自在和轻盈舒畅都在歌声中飘荡。这些我亲手挑选的小歌手们仿佛也随着我的讲解融入到了奇妙的音乐世界中。

对于孩子们而言,和谐动听的合唱不仅可以引领他们步入丰富多彩的音乐世界,而且还能使他们得到情感的满足,受到美的熏陶,进而具有高尚的艺术情操。有人说:"世界上最美的声音是童声,其中最动人的歌声是童声合唱。"但在《风之丘》的排练中,随着排练进度的加深,我和孩子们不时会遇到各种各样的困惑,该怎样解决它们,将枯燥的音符堆积演变为内心涌动着的情愫,体会"柳暗花明又一村"的欣喜呢? 回想整个排练过程,我和孩子们经过不断思索、不断尝试,主要从四方面进行了突破。

一、玩,感受气息

气息是歌唱的动力,在演绎《风之丘》高潮乐段(C 乐段)时,需要孩子们用较强的气息去支撑它,才能更好地把对梦想的追求淋漓尽致地展现出来。而孩子的气息往往弱、短、浅。如何更好地加强气息的锻炼,正确借助气息发出让自己觉得最舒服的声音呢?我尝试将维尔特互动游戏运用到孩子的气息训练上,让孩子们亲自触摸感受。

第一步:平躺在干净的地面上,全身放松。

第二步:双腿微曲,自然调整呼吸。

第三步:慢慢将双手放于小腹处,用心感受呼吸带动腹部的起伏。

第四步:伴随着自然的呼吸,尝试轻声歌唱。这时的呼吸状态最自然、最放松,也是歌唱时最理想的状态。

当然,也可以让孩子把另一只手放在胸腔的位置,感受“深呼吸、气沉丹田”,不单单只是吸到胸腔的位置,而是试着往下呼吸,感受腹部的起伏。

另外,我还尝试教孩子们运用传统的“花式吸气”法:作陶醉状,闻花香,五秒钟吸气和五秒钟吐气,然后一点一点加长时间;双手叉腰,有弹性地念数字一、二、一、二……感受腰上振动的幅度;拿出一张纸,老师撕的同时要求学生慢慢把气息向外“嘶”出来,速度和节奏由老师控制。

以上这些小练习都可以作为合唱训练间歇调整放松的游戏,让孩子们在轻松愉悦的过程当中感受到歌唱时应该有的气息状态。

实践证明,通过以上各种方式,经过循序渐进的体验,孩子们都能很自然地控制气息,也能轻松地驾驭《风之丘》第三乐段的演唱。

二、听,把握音准

统一和谐是合唱对声音的要求,所以合唱对音准的要求非常高。这就要求孩子们凭借内在的想象与记忆把已经进行了的旋律精确地保留在头脑中,由外在的听力向内在的听力转化,培养他们内在精准的听觉能力和音准灵敏度。

《风之丘》A、B段的合唱部分,在低声部的旋律中变化音占了很大的比重,十六分音符的极速上行加上顿音的短促跳跃,演唱难度相当大,孩子们很容易跑调。这时候,我要求他们多听琴声,从"lu"开始反复模唱,反复体验,提高节奏感和音准灵敏度。达到一定的熟练程度以后,再用"la"代入,然后加入轻柔的高声部,两个声部和谐以后,再让低声部的孩子们渐渐填入歌词,孩子们在循序渐进中掌握了演唱技巧,并很好地把握了音准。

歌曲D部分,三度叠置的合唱也是孩子们的软肋,许多孩子会不自觉地混入其他声部,更有甚者会在两个声部之间游离,和声的效果极其"惨烈"。为了解决这个难点,我想到了课堂乐器——竖笛,我要求低声部的孩子课余时间对该旋律反复进行吹奏,然后成立两人小组,一人吹奏,一人演唱。合唱训练的时候,由一个孩子在低声部区轻轻吹奏竖笛,帮助低声部在内心恒定音准,直至完全脱离乐器自然地演唱。

通过以上的听力训练,学生的音准能力得到了提高,为二声部训练打下了扎实基础。做到快速时防止音趋高,慢速时注意音偏低;强音防止音趋高,弱声注意音偏低;遇到难唱的音程,重点突破,把好音准关。

三、赏,体验情感

音乐是诉诸情感的艺术,演唱者对音乐作品情感的把握直接影响着演唱的效果。然而,很多孩子在演唱时却往往忽略了情感在演唱中的重要性,这导致他们在演唱时不能很好地赋予歌曲生命与活力,从而使音乐作品显得直白、空洞。

当学生在音准、节奏、速度等方面都把握得很到位的时候,孩子们开始追求音色的完美、声音技巧的运用及声部的和谐。但是,他们很难做到声情并茂,缺乏情感的体现。

　　为了解决这个难题,我让学生多关注老师的模唱,气息的掌控、强弱的处理、咬字吐字……力求让孩子在模仿中有浅层次的感悟。在此基础上,我还时不时地加入到不同声部的演唱中,和孩子们共同演绎,用自己的情绪去感染他们。同时,我还运用"指挥"训练孩子的音乐捕捉能力,通过手势、眼神、表情、动作等进行提示,帮助他们更快地感知音乐中各种肢体及情感的变化,帮助学生从音乐中感受到更多、更细、更深的东西,把抽象的音乐通过可视的动作、眼神、表情等演变为可以触摸到的形象,把学生的情感牵引到他自己原本不熟悉的地方。久而久之,学生对音乐的感觉越来越灵敏,对《风之丘》的感知也越来越深入。

　　在此基础上,我还重点让孩子们欣赏了《魔女宅急便》片段,影片中女主角琪琪从火车上骑着扫帚飞向空中,《风之丘》的旋律缓缓流淌着,俯瞰到的是绿色的城镇、碧蓝的海洋、飞翔的白鸥,画面是如此浪漫、神秘、美妙! 这时,孩子们对音乐作品产生了深深的共鸣,再次演唱的时候自然地融入了情感,能够得心应手。

四、动,点燃激情

　　为了更好地表现合唱艺术作品,除了要对孩子们加强发声、视唱、练耳等基础性的训练之外,还应要求学生在唱歌时始终保持专注投入的精神状态。一般情况下,精神不振、呼吸不畅会直接影响横隔膜的活力,音自然趋低,这也是孩子们最常犯的毛病。

　　往往一首合唱作品排练到一定程度以后,孩子们会产生一种倦怠感,《风之丘》也遇到过这个瓶颈。如何改变这个状态,我想,除了教师要始终保持亢奋的状态外,教师排练时的语言、肢体、眼神等无不影响着孩子们的演唱状态。所以教师要调整好自己的教学状态,要让孩子们时时被吸引着、牵引着、感动着,只有当所有的孩子们都处于激情的状态时,才能把一个作品很好地演绎出来。

一个小时的排练,除紧扣音准、节奏、速度、情感、声部和谐等音乐要素外,还得多关注学生的演唱姿势,让他们动起来。坐久了,站起来唱;站久了,走起来唱;交换周边的队友,走到自己喜欢的位置上唱;成立临时小组唱……诸如此类的变化,都可以激发孩子们的演唱欲望。

在《风之丘》的排练中,我还曾尝试过让孩子们站起来,随着音乐全身放松,眯起双眼,轻轻律动,把自己想象成一个魔女,一个可以和动物沟通、架着扫帚飞天、和人类和睦相处的魔女,用歌声把自己带入一个美妙的世界。

我也曾试着在《风之丘》的合唱教学中用趣味节奏作伴奏,烘托氛围。众所周知,节奏是音乐的骨架,尤其在合唱的歌曲中,节奏的协调与稳定尤为重要。在平时的教学中,我们一般都保持单一的齐奏。其实,在学生学会拍节奏后,可让学生选择合适的节奏型为歌曲伴奏,这里指的节奏不单指单纯的为歌曲打拍子,而是组合、编创符合歌曲特点的节奏型,融入歌曲中,进行二部合唱。如在《风之丘》第一乐段,在休止符处我让孩子们用指尖敲击小木凳,伴以 0××的节拍,乐曲的灵动、轻盈、跳跃触动着孩子们的内心,同时,还可以培养他们一心多用、一耳多听的能力,锻炼他们的节奏感、协调性和音乐感受力,丰富他们内心的情感体验,在良好的歌唱状态下完美地演绎合唱作品,所以排练时他们始终能保持一种兴奋的精神状态,歌唱时能更加专注投入。

总之,合唱是一门丰富多彩的艺术,它有着博大精深的学问,需要我们去不断地学习、探索、研究,为学生创造一种更完美、更和谐的合唱氛围。正如《风之丘》中所唱"一定可以有新的发现,将会再看到神往的美梦",使每一次排练充满浪漫的奇思妙想,把每一次排练都想象成奇妙的梦幻之旅! 在玩、听、赏、动中陶冶他们的情操,引导他们在音乐的殿堂尽情地遨游,使他们的身心得到最优发展! (执笔:方金波)

第六节　兴趣是开展美术社团活动的土壤

　　美术社团就是将一些对美术有兴趣的同学集合在一起组成活动小组,由老师带领他们进行寓教于乐、丰富多彩的美术活动。美术社团的开展,不但能丰富校园的艺术文化生活,更能发掘学生的美术表现潜力,促进学生美术特长发展,而且它在学生的个性成长方面也起着十分重要的作用。对于如何让孩子们在参与美术社团活动时真正感受美术带给他们的快乐与力量,如何让学生基于兴趣发展兴趣,在兴趣中全面成长,我做了些许尝试与努力。

一、基于学生的兴趣,设置活动框架

　　爱因斯坦曾说过,"兴趣是最好的老师"。所以说,美术社团活动的价值取向很重要。我认为要顺应低段儿童年龄和生理上的特点,因势利导,使社团成员在美术活动中产生愉快的情绪体验。引导和鼓励孩子们大胆地表现、表达自己的感受、体验,并以此作为宣泄情感、充分表达个性的途径,使其个性健康发展。引导和鼓励学生用自己认为有美感的形式,创造性地表达、表现自己对事物的观察和感悟,注重审美与创造力的发展。

　　在社团活动时间的分配上,尽可能多地留出活动时间让孩子们自由支配。讲授部分占 10 分钟左右,余下 50 分钟留给孩子们作画。在活动内容选择上我着重体现学生的年龄特点,反映孩子的生活经验。力求思想性、趣味性并重,避免简单重复,枯燥乏味。我通过"市场调研"选择了一家美术培训机构,进行深入学习,把握社会上小学生美术培训的主流方向,从中吸取精华,学到了很多最新的美术教学内容,并结合美术社团的实际对之加以"本土化"运用。如:《舞动的大树》在材料的选择上就很有创意,两种色卡纸横向或纵向拼接,之后用勾线笔勾画出大树、枝丫,接着根据需要涂上些许色块,最后可以点缀些厚的水粉颜料作树叶。有剪有粘,又勾线又上色,无论从制作纸张,还是表现手法上,都很吸引孩子的眼球,而且还有足够的创新空间,这让孩子们很感兴趣。又如:制做《海底世界》先用黑色勾线笔以剪影的形式画出海洋生物的大致轮廓。接着拓印海水背景,用揉成的皱纸由浅入深蘸取蓝色水粉颜料,拓印出有特殊肌理的深浅不一的海水,孩子们都兴趣盎然,画得不亦乐乎,内心充满了强大的成就感和归属感。外出学习听课时,我会留意展出的美术作品。比如:"撕拼画"按照我以往惯常的教法,让孩子们先在底板纸上勾画出要撕拼的形象,然后把彩纸撕成一张张小碎片,一般不用太关注撕下来的纸的外形,直到准备拼贴外轮廓部分时才需要注意纸的线条走向。这种拼贴画,重在拼的过程。而一次偶然的机会,一些撕拼画,外形简练、夸张,把形象勾画在彩纸上撕下来,注重撕的纸的外形,强调撕的技法。我把它应用到社团当中,引导学生把拼与撕结合起来,灵活运用。我还安排了指印画,利用手指的形状和指纹,通过按压作画。用手指替代孩子们常用的画笔,这让学生感到非常新奇,产生强烈的创作激情,兴奋之情溢于言表。而且这种材料非常容易上手,通过想象,简单地印出几个指印,辅以简洁的勾线,就可以完成一幅小清新的作品。画的介质也从原先的画在纸上到后来印在一次性餐盘上或镂空花纹纸中,给作品增添了一缕生活气息。三色圆珠笔创意绘画仅仅利用最简朴的红、蓝、黑三色圆珠笔通过线描,涂色块,三种颜色的搭配就能创作出很多作品。彩色毛线卷在厚纸板上,制作成线团粘贴在《玩线团的小猫咪》画面中。《零食拼凑的脸》用雪饼制作人物的脸庞,这些都是孩子们喜闻乐见的。充分考虑成员们的兴趣而安排的内容,我可以毫不夸张地说这些是非常受孩子们欢迎的。

从活动时间与活动内容这两大方面出发设置的活动框架已经为美术社团活动的顺利开展定好了基调,为激发孩子们的兴趣打好了基础。

二、发展学生的兴趣,践行活动框架

兴趣爱好在于培养和发展。在美术社团中引导孩子发现美、选择美、追求美,使孩子对美好的东西产生浓厚的兴趣,然后再加以培养,使孩子的兴趣稳定持久,最终发展成为一种爱好。

前 10 分钟的美术活动指导,对于喜好新鲜事物的小学低段儿童来说,我采用的灵活多变的教学方法,激起他们对美术活动的兴趣和热爱。

1. 情境再现法

我会运用情境来感染和调动孩子。比如《舞动的大树》,大树会怎样舞动呢? 让孩子们成为一棵棵大树,互相摆动作。《海底世界》都有些什么生物呢? 会发生怎样的事情呢? 老师和学生共同讲讲海底的故事,创设宽松、有趣的环境,更易于学生把自己的所思所想表达出来。

2. 观察引导法

美术活动是视觉艺术活动,离不开观察。引导学生观察时,首先是启发学生对生活及事物的热爱。例如,引导他们观察、回忆从家到学校的路上,他们印象最深的高楼、房屋是什么样的? 路上遇到哪些人? 启发孩子通过观察抓住事物的特征,并把自己的感受和联想表现出来,使他们的画作生动而充满儿童情趣。

3. 联想分析法

培养创新意识,发展兴趣。比如指导学生画蜥蜴时,我提供给孩子们几种蜥蜴的形象,通过一个问题引发学生联想:"这些可爱的蜥蜴会在哪里呢?"孩子们的作品上就有了丰富的变化,有的在玻璃上,有的在瓷砖上,还有的在大树上。又如《圆的世界》,我在黑板上画了一个简单的圆形,再引导学生联想可以创造成什么。

4. 过程指导法

孩子们作画时,教师既不能无目的地巡视,也不能过多地询问干扰他们的原有思路。老师要做到因人而导、因需而导。如对自信心不足、不敢下笔的孩子，可以采取手把手或在纸上示意的方法，帮他迈出"万事开头难"的第一步。在小朋友不知道如何继续丰富画面时，老师可帮他添上关键的几笔，起到扩展、丰富画面的作用。

50 分钟的作画活动时间，我们是在轻松、愉悦的氛围中进行的。因为人数少、空间大、时间充足，这些客观条件为我们提供了很好的保证。孩子们作画形式也很多样，可以独立作画，也可以合作作画，完全由孩子们自主决定，我从不干涉他们。无论在活动的哪个阶段，孩子们都可以互动欣赏其他成员的作品，互相取经为己所用。教师的巡视指导更是时时跟进。社团中我经常对孩子进行表扬和鼓励，给予肯定性评价，保护和激发孩子的兴趣。用欣赏的眼光赞赏孩子们的每一幅作品，让孩子实实在在体验到成功。

三、让学生在兴趣中全面成长

形式新颖、充满童趣的社团活动内容深深吸引着孩子们，激发了他们浓厚的活动热情，使每个孩子的特长得到了最大限度的发掘和展示。擦亮了他们发现生活的美的眼睛，让学生们在活动中找到乐趣，潜能得到开发，兴趣爱好得以培养和延伸。

每节社团课最后剩余的时间用来评出优秀作品并敲上蓝天社团章。肯定优秀的作品，同时让其他孩子们明白优秀作品好在哪里，自己下次可以在哪些方面努力，培养了孩子们的审美能力。用孩子们的画装饰、布置校内校外的各种地方，这样大大增强了孩子的自信心，可以激励他们把画画得更好。

只要激发起孩子们学习美术的兴趣，那么一切皆有可能。而我将在蓝天社团美术活动这片土壤中撒下种子，精心呵护、浇灌，期待他们开花结果的那一天。（执笔：陈玲）

第三篇　教学之行：

小班化教学的践行

第一章　走向小班化教学

第一节　初识小班化

　　小班化教育是一种班级人数较少、有利于学生全面和谐发展及个性充分发展的教育组织形式,是世界发达国家和地区普遍采用的基础教育发展模式。它绝非一般意义上所说的学生人数的物理减少,而是在文化建设、课堂教学环节、班集体建设、个性化评价等方面都需要进行综合配套改革的教育形式。

　　众所周知,国内小班化教育搞得比较早、比较好的是江苏省和上海市。1993 年,江苏省就在省教育厅等部门牵头下,在无锡江阴的两所小学开展了缩小班额的初期小班化课题研究,而上海从 1996 年起就有步骤地开始了小班化教育,他们在课堂教学、评价策略、小班化班集体建设等方面进行了积极有益的探索和实践。2001 年教育部颁布的《基础教育课程改革纲要(试行)》是深化教育改革的纲领性文件。文件指出,"加强课程内容与学生生活以及现代社会和科技发展的联系,关注学生的学习兴趣和经验,精选终身学习必备的基础知识和技能。""改变课程实施过于强调接受学习、死记硬背、机械训练的现状,倡导学生主动参与、乐于探究、勤于动手,培养学生搜集和处理信息的能力、获取新知识的能力、分析和解决问题的能力以及交流与合作的能力。"《纲要》的颁布预示着关注个体、关注自主发展的课堂教学改革春风来了。

大概是在 2000 年前后,我开始接触到小班化教学的相关信息。那时有机会到上海去听课、学习,偶尔会在会场接触到一些小班化教学的老师、专家,他们从小班化课堂到小班化教学模式的展示和介绍,让人耳目一新,也是在这样一次次的偶遇中我大致了解了小班化教学。每次学习回来,我就想这个小班化教学挺好,课堂上师生之间、学生与学生之间有更充分的时间进行自主、平等的讨论和交流,课堂气氛民主、平等、和谐,教学的效果又好,尤其对学生综合素养的发展应该是非常有利的。特别是课堂上小组合作这种自主合作学习模式给我留下了深刻的印象,我想这一定是师生共同发展的重要形式。但是小班化教学要求比较高,当时美国的小班化教学要求班级人数控制在 25 个人以下,而上海则控制在 30 个人左右,这对当时我们四五十人班额的学校来讲是可望而不可即的,但是心存理想总是好的,随着宁波社会、经济、教育水平的不断发展,我想必定会迈向小班化教育的发展大道,因为它是未来教育发展的一个方向。

2003 年 8 月,因工作需要我到宁波市唐弢学校任副校长,那个时候学校正在模仿上海尝试开展小班化课堂教学研究,不仅教室里有组合式的桌椅便于开展小组合作学习,学校还将班级人数控制在了 30 人左右。自己任教的同年段一班刚好是小班化实验班,虽然我不是主要的主持者,但是教学副校长和年段老师的双重身份让我对小班化教学实践有了一些具体的感知和了解。学校定期开展小班化校本教研,安排教师一起磨课、上课、评课,从班级管理到教师发展、从课堂设计到作业评价,我对小班化教学有了更深层次的认知,甚至会经常翻阅以前在上海的学习和听课笔记,将自己对小班化教学的课堂模式、结构、理念的理解与实验班老师一起分享交流。从理论到实践,对于小班化教育,我又向理想靠近了一步。一学期下来大班与小班之间的差异日渐凸显,无论是学生的个性思维、语言表达,还是理解能力、兴趣爱好等,小班学生都明显地超越了大班学生。那个时候我就有种想法，如果我们所有的学校、所有的课堂都能实现小班化教学，那是多么美好的事情啊！

唐弢学校的小班化教学只是对上海模式的一种异地实践，是对上海小班化教学模式的校本化实践、整合，是区域深化课程改革的举措之一。这种侧重于课堂教学改革的研究深深吸引了我，在我追求课堂教学理想化的道路上埋下了种子，有因才有果，2011年江北区积极试点小班化教学模式，广厦小学能参与并积极进行实验，在全体师生的努力下还做出了点成果，都是基于这个种子的缘故。

第二节　争取小班化教学试点

我一直都觉得"小班化教学上海可以做，我们也是可以做的"。尽管各方面条件没有上海的好，但是用心做总能出成绩的，做比不做总是要好的。这就是我最初的想法。

真正迎来小班化教育的春天，是2011年省教育厅提出在全省试点推广小班化教学，而恰好《江北区教育事业"十二五"规划》中提出要实现城乡教育一体化发展，努力推进高效均衡的义务教育，率先在宁波市实现区域教育现代化。当时，江北区正在寻找一种优质的教育模式作为突破口，刚好小班化教学试点区来了。作为浙江省的小班化教学试点地区，江北区从2011年秋季起，率先在全市尝试小班化教学，并在实验之初就以课题研究的方式围绕课堂推进教学变革，促使小班化教学扎根课堂，关注每一个孩子的成长。当时教育局找了6所相对来说条件适合的学校进行小班化教学实验，并专门发了相关文件，从教育局行政层面上确定了江北区小班化教学模式的指导思想，落实了各项配套和政策，并成立了小班化教学沙龙，开辟了小班化教学专题网页。小班化试点学校也都积极行动起来了，教研室、宁波大学教授、相关学科专家作为一种重要研究力量参与了江北区的小班化教学研究，区域层面很快形成了热火朝天地去思考、去实践小班化教学的氛围。

广厦小学作为6所试点学校之一，能参与到小班化课堂教学改革潮流中来，立足校本积极实践，为江北区推进小班化教学做出了自己应有的贡献，这里面既有我自身对小班化教学的喜爱因素，也有学校为谋求发展，寻找突破口的因素，更离不开区政策层面的照顾，教育局党委的关心支持。正是这样内外合力，促成了广厦小学的小班化教学实践之路。

广厦小学进行小班化教学,其实就两个内因,一个是我自己,一个是学校实际情况。我自己从毕业开始就一直醉心课堂教学,喜欢孩子,热爱教育。我是一名语文老师,从农村最薄弱的村小慢慢地走出来,看多了先进学校与落后学校之间的巨大差异,所以自己对教学这一块比较敏感,接触教学新理念、新想法也比较多,也经常会把出去听课、学习的体会和方法记录下来,然后在自己的课堂教学和班级教育中进行尝试和实践。在跟一些名特优教师交流后会进行辩证性的梳理,并及时更新自己的思路、观点。此外 2003 年近距离体验小班化教学实验这段经历,使我从一个旁观者变成了小班化教学队伍中的一员。从外到里,从形象到直观,小班化的种子就这样在我的心里慢慢生根、发芽、成长。但是那时候,我还没有从管理者的角度去思考和关注小班化教学,只是将自己放在一个执行者、参与者的角度,与其他老师一起磨课,评课,交流想法感受。如今,我是作为学校的管理者、决策者来思考、关注小班化课堂教学改革,这又将是一次新的职业生涯历程的转折。

至于学校方面,那是因为广厦小学优质发展、品牌提升需要寻找一个亮点。2010 年 10 月,我担任学校校长后,就对学校进行了调研,通过进入课堂听课、找老师座谈等摸底方式了解了情况。由于城市里择校现象严重,作为一所安置小区的配套学校,每年的三四月份,优质生源成了香馍馍,学校和家长们各显神通,但凡能择校走出去的学生都不愿意来我们学校。而留给学校的生源少而差,全校 13 个班级只有 400 多名学生,平均班额只有 32 人左右。无论是校园文化、师资队伍还是生源结构、周边环境都是摆在学校发展道路上急需去面对和解决的难题。从物理意义上来讲学校当时已经是小班了,三十几个学生的课堂不就是小班嘛!但是当我深入课堂去看时,才发现不是那么一回事。虽然班额人数减少了,但是教师在组织教学的时候并没有因为空间的优势而重组课堂活动、改变学习形式、创新师生活动,所谓的"小班"只是物理概念上的小班,教育的"质"根本没有得到改变。"被小班"鲜活地摆在我们的面前,改革谈何容易！但是我没有退缩，我认为"被小班"虽是劣势，但也是优势，因为其表面上已经具备了"小班化教学"的物理要求，只要我们更新教学理念，加强学习研究，在教育局小班化教学政策的支持下，在教研室及宁波大学的教授的指导下，齐心协力，就一定能把小班化教学做起来。

在调研中我也了解到，随着地区社会经济的不断发展，以及新课程改革的深入，优质学校不断崛起，而广厦小学办学6年来后劲乏力，急需突破阶段发展的瓶颈以实现新的跨越。从2004年到2010年，学校办学效益一直不温不火。如今，我是学校的领导者，我就必须要静下心来和团队一起思考：我们要把这所学校带往何方？如何在区域内凸显学校特色？该如何借力、着力、发力来办好这所薄弱学校呢？在教育改革发展的浪潮中，管理者必须要在短时间里为学校找到一个很好的切入口，然后与其他学校平等地竞争、发展。尽管学校基础薄弱，可面对的却是教育发展的关键时期，这一步走好了学校可以借势发展，不然很难在现有的环境下摘掉薄弱学校的帽子。

那么是什么制约了学校的优质发展之路呢？我们经过分析后认为：主要原因是缺乏比较明显的特色和文化。学校前身是两所农村完小：由洪塘洋市小学和庄桥姜颜小学整体搬迁合并而成，办学起点不高加之缺乏特色是制约发展的关键所在，学科质量、体艺专长、文化建设等都很平淡。如何找到增长点，凸显广厦在区域内的办学特色成为学校班子的重要任务。社团建设是学校打出的第一张发展牌，不久又迎来了浙江省小班化教学试点的契机，所以我想，广厦小学既然已经有物理概念上的小班，缺少的无非就是小班化的文化、小班化的课程和小班化的教学，只要在师资这一块加强学习培训，转变大家的教学理念，齐心协力积极实践，应该能够做出满意的成果，扭转学校在教育资源、社会口碑、学校品牌等方面的不足。"人无我有，人有我优"，在当时的区域中还没有一所学校正式推进小班化教学，如果我们能够在小班化教学这个层面上做出自己特色，做到"人无我有"，广厦小学就可以站在一个新的平台来展示自己的办学特色了。

　　2011年5月,马利民副局长针对小班化教学试点工作来学校调研、摸底,我汇报了广厦小学做小班化教学的基础条件,下阶段规划及自己对小班化教学的理解与思考,提出广厦小学想做小班化教学的申请,希望能得到教育局的支持。那次省小班化教学试点区工作虽然不是全面推开,而是先找几个初步具备条件的学校进行试点,但是有机会参与这项重要的课改实验是很难得的,占得发展的先机对广厦小学尤为重要。我的汇报得到了领导的认可,他们觉得广厦小学领导班子有这样的想法和热情,并能积极主动地去思考小班化课堂教学改革,是很难得的。

　　2011年6月区教育局正式确定6所学校试点小班化教学,广厦小学正式成为江北区推进小班化教学实验的试点学校之一,开始全面地推进小班化教学实验。

第三节　小班化教学进一步提升"最优发展"

　　小班化教学是教育公平、教育民主精神的重要载体，它特别关注在学生受教育的过程中，每一个孩子是否都能获得最优发展，是否得到最充分的教育机会。这正是学校的办学理念"让每一个孩子获得最优发展"在课堂教学中践行的有力体现。2010年我调到广厦小学以后，通过摸底、观察，以及对学校的全面调研，与行政班子团队一起提炼了"让每一个孩子获得最优发展"的办学理念，小班化教学正是我落实这个理念中最重要的一环——课堂教学的关键。"让每一个孩子获得最优发展"，就必须要改革传统的课堂教学模式，运用适合小班的教学内容、教学方法、教学策略等，承认差异，凸显个性，因材施教，发挥学生的主体作用，通过教与学的互动交流，资源的优化配置和利用，促进每一个学生全面而富有个性地发展。

　　小班化教学尊重学生个性差异，以生为本，课堂上教师通过有效的策略和方法引导学生自主、合作、探究，推动学生积极主动地发展，对此我是非常欣赏的。2001年，《国家义务教育新课程标准（实验稿）》刚推出来不久，我在上海听过一节课，具体时间、地点和执教老师印象都不深了，唯独有一个情景现在依然历历在目，那就是小组合作学习。当时普通学校的班级中学生多，一节课基本以老师讲授为主，偶尔的讨论、合作也仅限于同桌之间，至于合作的效率根本没有人去关注、留意。而上海作为国际化大都市，接触、实践新课程理念往往较早，加上教育科研方面实力又强，学校课堂教学改革的力度也很大，因此比宁波地区会超前许多。在上海听的课，在教学的组织形式和教学方法上已经采用了小班化教学模式，小组合作学习也有序到位，令我们听课的老师享受了一顿教学领域的"饕餮盛宴":班级中以每四人一组的形式围坐一起,当老师提出探究问题,并要求在规定时间完成探究任务时,小组同学迅速行动,他们分工明确,秩序井然,有记录的、有组织讨论的、有汇总展示的,他们时而激励讨论,时而在纸上指点比画。随着合作时间结束,每个小组都有学生主动出来汇报研讨的结果,而老师也能及时对学生的学习结果进行评价。我发现合作学习既是学习的过程,更是思维碰撞的过程,合作生成的学习成果是学生主动学习的结晶。这样的课堂,这样的教与学,深深地吸引住了我。什么时候我的学生们也能享受这样高质量的课堂教学内容呢? 我在心里期盼着。

十多年过去了,这样的课堂教学对于现在的我来说已经不再陌生,在学校,它已经成为我和老师们的一种常态化教学手法,每个组都有自己的组名,每个组员也有自己的任务,包括对小组合作教学的有效性、评价策略的实验我们都进行了积极的探索,但是在 2001 年的时候,这个教学形式还是让人感到眼前一亮。

理想课堂的构建、理想学校的建设离不开新理念、新方法,自主、合作、探究的学习方式颠覆了传统教学观念,让很多老师深切体会到了学生才是学习的主体。现代教育理念将学生放在了一个新的高度,通过民主平等、和谐愉悦的课堂教学体验,让每一个孩子成为最好的自己,并最终服务于我们这个社会,这成为学校教育的终极目标。那时候我对"生本化课堂""合作学习""最优发展"已经有了思考。到广厦小学以后,我发现学校的办学理念表述比较烦琐:"关心每一个孩子,对每一个孩子负责,给每一个孩子同等的权利,让其得到最优发展",当时就想:是不是可以从这里面结合自己的办学愿景,提炼一个直观、明确、给人印象深刻的办学理念呢? 经过一段时间的思考并听取了班子成员的想法,结合自己对理想课堂、理想学校的界定,我提出了"让每一个孩子获得最优发展"的办学理念,然后通过多种途径和平台,向全校师生、家长、社会宣讲我们的理念。十二字理念既保留了对"每一个"的关注和"最优发展"的终极目标,也提出希望通过我们全体师生的努力,改革我们的课堂、积淀我们的文化、丰富我们的活动,以社团和小班化教学为突破口,尊重个性,引导发展,激励成功,让广厦小学的孩子、老师变得更加优秀。

为了贯彻这一理念,学校一开始主要是通过举办学生"蓝天社团"来进行。美国哈佛大学心理学家加德纳认为,人的才能是多元的。人除了言语—语言智力,逻辑—数理智力两种基本智力外,还有视觉—空间智力、音乐—节奏智力、身体—运动智力、人际交往智力、自我反省智力、自然观察智力以及存在智力。他认为,每个学生都不同程度地拥有这 9 种智力,智力之间的不同组合呈现出个体之间的智力差异。教育的要义是怎么让学生的潜在智力得到有效发挥,让他变得更聪明。既然每一个孩子都有聪明的潜质,那么学校就要想方设法去挖掘每一个孩子的潜能,让他们尽可能地做最好的自己,而广厦小学的学生放学后基本处于散漫状态,家长很少有时间和条件去挖掘和培养孩子的潜能。"蓝天社团"其实是学校的第二课堂,重在发现和挖掘孩子的潜能,激发他们的兴趣,引导其发展,最后帮助他们成就最好的自己。但是,学生来学校毕竟是来学习知识、提升素养的,因此关键还是要落实到课堂,归结于质量,所以我们开始考虑从社团建设逐步向课堂教学延伸,这样学校的办学理念才能更加丰满。"众里寻他千百度,蓦然回首,那人却在灯火阑珊处",在我们辛苦寻觅"最优发展"契机的时候迎来了省小班化教学试点,就这样小班化教学就非常契合地在广厦小学落户了。

为了做好小班化教学,我跟行政班子及老师们多次开会、交流、研究方案、制定策略,还安排了 90 学时的小班化主题培训,邀请市区教研员、宁波大学教授来学校指导,进行高强度的培训、指导,目的就是要给老师们传递当前新课程改革的理念,小班化教学的策略、方法等,同时让大家逐步意识到教学必须要变,不变永远不会进步。学校教育应该要有危机意识,教师更是要有,因为我们面对的不仅是学生的未来,更是这个社会、这个民族的未来。记得到广厦小学报到和老师们见面那天,我就告诉大家,我是一个热爱教育,愿意为教育、为学校、为孩子做点贡献的人,我希望和大家一起努力,提升广厦小学的核心竞争力,创建优质教育品牌。就这样,试点好小班化教学工作如同要建好学校一样成了我们的共识。

第四节　行走在小班化的前进道路上

广厦小学试点小班化教学,虽然有自己的一些优势,但更多的是它的劣势。学校没有小班化的教学氛围和改革意识,无论是学校的硬件设施、校园文化,还是教师的理念、课程的设置等,都存在这样那样的问题。但是为了学校的优质发展,也为了教育的尊严,我和老师们达成共识,共绘美好愿景,使老师们的潜能得到了充分发挥,新思路、新策略、新动作、新激情不断投入到小班化教学改革当中。在学习培训、试点实践、再学习培训的循环中老师们慢慢地从疑虑到认可,从认可到积极参与,从部分试点到全面铺开。谁不希望自己教的孩子是优秀的,所在的学校是优质的呢?

说实话,当时我心里也没底,不知道小班化试点最后会变成什么样,但是这个"饼"我一定要画!我要靠它再度激发学校老师对教育的热情。当时学校一级教师比例过半,相当一部分人早已安于常态化教育教学工作,处于职业倦怠的边缘,这批优秀的老师年轻时的冲劲、闯劲已经消退了,即使有一些想继续干番事业、做出点成绩的老师,因为学校的这种文化氛围,也把自己的激情和理想藏了起来。所以当我决定要搞小班化教学的时候,就必须要给老师们规划一个愿景,我不仅要让那些藏起自己激情和理想的老师放手改革实践,还要让那些已经产生职业倦怠,或者已经安于平淡现状的优秀老师们,再次焕发出对教学、对学生的热情,让他们为广厦小学的小班化教学注入新鲜的动力,这是我第一步做的。第二步就是和行政班子一起为学校的小班化教学制定具体的实施规划,既然要将小班化教学作为学校优质品牌项目来发展,就必须要让老师、家长和社会各界看到广厦小学的努力。

2011年6月,在教育局党委的关心和支持下,学校确定先从四个起始班级开始试点小班化教学，其他年级渗透并逐步跟进。暑假里，学校把四个小班化实验班重新进行装饰改建，主要是为了打造适合小班化教学和学生个性发展的四个区域：实践探究区、自主阅读区、合作学习区、自理能力提升区，添置了几何形桌椅，打造了壁柜，布置了墙面，配备了最新的电子白板等。然后又明确了教科室从课题研究的角度重点管理和指导学校的小班化教学，组建小班化教育教学辅导中心，实行小班导师制。

小班化教学的关键还是要从改革课堂教学入手，环境再怎么变，固件是没法变的，学校不可能推倒重新造，有些设备不可能一下子到位，需要有个过程。所以小班化教学成功的关键还是在于教师教育教学理念的变化，在于课堂教学方法、策略围绕着"每一个学生"的发展来进行。当理念、方法、策略体现了小班化，做到了因材施教，环境就是次要的了。所以学校一方面尽可能地装饰小班化教学试点教室，凸显小班化的物理环境；另一方面设立了教科室，由专人来负责全程规划、指导、关注小班化教育教学研究；其次是专门成立了一个教辅中心，即小班化教育教学辅导中心，由教导主任挂帅，把参与一年级小班化实验的所有老师定期组织到一起，进行小班化教育教学工作交流、反馈、研讨，请他们分享获得的经验，畅谈对班级文化、小组合作、全员关注等方面的想法，并提出在实施中遇到的问题。

教科室和教辅中心这两个部门成了广厦小学小班化教育推进的重要部门，为学校小班化建设和发展立下了汗马功劳。特别是教辅中心，虽然建在教导处，但是它的运作与教研组不同，它是跨学科的，是为学校小班化教学有效推进而设立的。因为小班化教学实验开始以后，老师们就提出，学科之间要协调一致进行班级文化、小组分配、教学策略的实验，以便于一年级新生在适应小学学习生活的同时尽快掌握小班化教学的学习方式，有些可以以年段统一，有些可以以班级为单位同步推进。

在教辅中心的带动下，小班化教室环境、文化的布置，小班化管理组织的架构，小班化教学评价策略，小班化小组合作方式等逐步形成了教研一体、立体推进、重点突破的局面。实质上,学校小班化试点在物理环境建设、校园文化营造、课程开设和教研管理落实方面,不仅仅只是针对起始的四个试点班级,而是以点带面逐步向全校辐射和延伸的。

第一,以办学理念为引领的小班化教学理念实现全覆盖,无论哪个年级、哪门学科,哪个教育教学活动都围绕"让每一个孩子获得最优发展"的理念设计、推进,"尊重个性,引导发展,激励成功"成为每一位师生的座右铭。

第二,虽然一年级的教室与其他年级的教室装饰和功能区的界定都有很大的不同,但小班化试点不只是打造微观世界,而是需要一个宏观的环境,不管是关着门还是开着门,大家都能感受到浓浓的小班化班级特色文化,感受到学校正在努力践行"让每一个孩子获得最优发展"的办学理念。展示平台、宣传窗、走廊等,在老师的精心布置、美化下彰显着广厦人的教育理想。

第三,加强小班化教学特色成果的推广与宣传。学校经常会向周边的社区、街道、幼儿园、企事业单位介绍学校的特色发展状况,抓住机会去社区搞活动展示办学成果,积极做好幼小衔接工作,每年去幼儿园给家长做一次讲座,宣传学校理念及办学特色。从某种角度讲,我给家长也画了一个"饼",给旁边的社区、街道也画了个"饼"。小班化教育需要全社会都来重视,全体家长都来关注和参与。因此,作为校长,我不仅要营造好学校小班化教育的氛围,同时也要争取更多的社会资源来助力学校的建设与发展。

第四,学校搞小班化教学实验,一定要有自己的切入口,比如说课后作业、个性化练习,或者说课堂组织形式、个性化评价策略等,只有这样才能凸显"人无我有,人有我优"的优势。

对于小班化教学,老师们都是在暑期培训中刚建立起的一个概念,还在相互的学习、摸索中,针对学校的小班化教学切入口问题,他们缺乏深入思考。开学时间紧迫,我们通过班子会议、教师建议征集、教辅中心座谈等途径，学习借鉴上海的做法，寻找研究方向。老师们也众说纷纭，一时拿不出比较成熟的思路和计划。我也将自己的想法反复论证，然后拿出来跟教研组长、学科骨干、行政班子一起交流，想尽快找到推进小班化教学的切入点和突破口。

　　交流时我提出两个想法：一个是开展"基于小班化教学时空变化的实践与研究"。主要做几个方面，一是对传统班级授课制进行改革，因为小班化教育是在"小班"配置条件下，教育内在属性和特质逐渐形成的发展过程。原来传统的班级授课以秧田式为主，这对于特定历史时期完成扫盲或是普及义务教育是有好处的，以教师讲授为主，学生都在老师眼皮底下，容易管理、提升效果。但是对于凸显自主发展、个性化教学是不足的。特别是小班化人数的物理减少，其实带来了一个时空的巨大变化，即这么大一个教室，人少了，肯定有很多区域空出来，这个区域空出来就可以把某些教育功能加到教室里面去，让教室不仅仅只是一个上课听讲的地方，更是一个自主学习、探究体验的地方。例如，可以把阅览室搬进教室，在教室开辟阅读区域；可以在教室开辟一个培养学生生活自理能力的区域；可以把课余活动探究的一些内容放到教室里来，让学生随时随地动手探究。

　　其次，在时间的变化方面，我们考虑了人数的变化，加上有的学科有自己的课程特点，我们提出了开设"长短课"的设想。比如英语的口语课，从一年级学生心理和年龄特点来看40分钟的课堂时间太长，一般以20～25分钟比较适宜。我请教了英语教研员、英语专家，认识到英语学习需要一个学习训练的过程，需要一个语言交流的环境。于是我们计划40分钟的课上完了以后，再给他们留20分钟创设语言交流的环境。就这样我们的英语教学就明确了"长短课实验"项目，即用两节40分钟长课＋两节20分钟短课完成英语的学与练，最终实现教学目标。我们知道语言学习需要语言环境，学习英语不像我们学习汉语，每天处在母语学习环境里，每天在学习与巩固。而学习英语缺少这样的环境，所以学校调整课时，每周安排四节课,两长两短,这样的话学生就不断处在学习英语的语境当中,英语兴趣、水平肯定能上来。

英语教学开始探索长短课,那语文、数学其他学科呢? 经过交流,语文学科进行"5305"研究,我们将原来 40 分钟的教学时间划分为三个板块,即课前 5 分钟的语文能力训练,中间 30 分钟的课程内容教学,课后 5 分钟的练习巩固。这样既顺利完成课程教学任务,又能发展学生的听说读写能力,提升学生语文综合素养。数学教学,我们尝试基于学情变化的"二次备课"研究,所谓二次备课是这样的:以往数学老师一般都是提早一周之前就把课程内容、教学方法、训练重难点都备好了,但是学情是不断变化的,特别是一年级孩子,每天都有新的变化。这样的情况下,如果还用一周前备的教案去上课,去引导学生,去完成教学任务可能就会出问题,可能达不到预期目标。那怎么办? 很简单,放学之前,对学生进行口头或书面的前测,使教师在下次上课前对学情有再了解,根据学生知识点掌握情况或者能力变化,对原来备的教案以批注的形式进行二次备课,以便更好地把握课堂教学节奏,突破重难点。这样通过二次备课不仅教案的个性化强了,课堂教学效果也好了不少,学生已经会的地方少讲,共同存在学习困难的地方则细讲精练,减少不必要的重复教学和机械烦琐的练习,让 40 分钟的课堂真正体现价值。

至于其他学科呢,我就充分发挥专职教师的积极性,让他们大胆尝试,围绕合作学习,主动实践,毕竟大家在小班化教学方面都没有现成的经验可以拿出来参考,需要多思考多交流。

其实刚开始实行小班化教学时我们也遇到了不少的困难。比如数学的二次备课,它需要老师高度的责任感和对数学教材的全面了解,老师心中必须要有学生,有学生才会关注学生是否学得快乐,学得轻松。广厦在师资上可以说是求贤若渴,我们一开始有所侧重,每年都会把一批骨干老师配到小班化试点班级进行实验教学,然后再通过各类培训,以点带面让全体老师都关注课堂、关注学情,这样才能真正减负增效。很多老师备课的时候就是没有了解学情，拿着参考书，甚至教案集进行备课，教学过程是在"预设中"完成的。而二次备课要求老师必须关注学情，关注教材，关注生成，特别是生成性资源的运用，指令性语言设计，课堂上问题的抛出，或者问题的整合，都需要老师前置思考，前置准备，这样老师才会发现课堂上学情变化带来的生成性变化。当然，开展二次备课后老师们的工作量加大了，因此一年后学校就引入并探索利用"智慧教室"系统，利用小班化的空间优势来解决这个矛盾。

刚做小班化教学，万事开头难，不管是上级部门还是学校老师都在看着我，看我从哪里着手把这个项目做出成绩来。从不动到动起来，从动起来到逐步动好，这是我着手小班化教学的一个轨迹。一步迈不到北京，一口吃不成胖子，如果一开始就让老师这么做、那么做，不仅会打击到许多老师的积极性，还会使他们产生抵触情绪。实际上我是先让老师动起来，让他们带着自己对小班化教学的理解去试试看，有困难的就少动一点，但起码你得动，时间一长，动的效果就出来了，这个时候你不让老师动，他都不肯。

除了学科上进行针对性实践外，我们还在评价层面进行了有益的探索，并成立了"基于小班化课堂教学与评价策略"课题研究小组。因为在传统课堂教学中我们发现，很多老师采用的教学方法主要就是讲授、操练，老师备课的最终目标是完成教学任务。教育观念的落后，以及备课和教学环节反思、提炼欠缺，造成了教学质量的高耗低效，很多学生过早地被贴上差生标签，加上我们的评价制度又是一种甄别、终结性评价，所以我们以往评三好学生、积极分子就是这样，有的人小学读完可能一张奖状都没有得到，可这并不代表他这六年学习生涯就没有任何成功和收获，这只能说明我们的这种评价制度出了问题，我们眼光只盯着一个班级里面的几个好学生。既然这种评价方式有问题，那就要改。因此当时我就提出来，小班化教学首先要在课堂教学和最后的评价制度上有所改变。

这个过程性评价既有针对老师的，也有针对学生的。这种评价更加关注个体的纵向发展,以态度、品质、成绩、能力等为主要的评价内容,客观公正地评价学生的成长。我们期望通过给每个学生建立个性化电子成长档案,然后配合喜报制度、星级学生评价制度等,提升学生的综合素养,从而发挥每一个孩子的主体意识,帮助他们彰显个性,发挥潜能,成就自我。由于遗传、后天环境、家庭教育等都会让孩子有个体差异,因此,承认差异,承认每一个学生都是独一无二的才是教育的前提,小班化教育就是要让每一个人都做最好的自己。有的学生可能学习不行,但是他的运动能力很强,那就可以获得客观公正的评价,使他也能在运动领域发挥自己的潜能。以往这样的学生是很难和好学生画上等号的,学习成绩不好就什么都不是。其实,只要老师有心,总能发现学生身上的一个个闪光点,我们把它放大,让它成为学生发展的自信源泉。

广厦小学从做小班化教学试点开始就废除了原来的三好学生、积极分子评选制度,改为星级学生评比,从一星到五星,人人都有努力的方向,每个人跳一跳就能达到自己期望的星级。这个星级学生评比不仅关注孩子的学业水平,更关注他们身上的闪光点。而喜报制度则对喜报种类,学生获得喜报的要求、过程做出了详细的规定。比如要求老师至少要让每个学生在一个学期内获得三张喜报。从教师层面来讲,就是要教师去发现每个孩子身上的闪光点,然后加以激励、引导、推进。从学生层面讲,即使成绩最差的孩子,只要我们仔细地观察和发现,肯定能找到他身上值得表扬或肯定的地方,既然有闪光点为什么不发喜报给予鼓励呢?第一组个性化喜报我们设计了6种,有"进步奖""才艺奖""创新奖"等,如果一个孩子原来英语只能考50分,现在能考70分了,经过努力他整整进步了20分,当然,这个70分可能还是全班最后一名的成绩,但是相比而言他进步了,这个时候老师就会隆重地发给他一个"进步奖",让孩子也觉得自己进步了,再接再厉争取继续进步。所以要"让每一个孩子获得最优发展",首先就要让学生变得自信、阳光,让孩子感到自己在广厦小学很满足,很有成就感。而这种成就感单单靠孩子自己是做不到的,是需要通过学校的一些制度来确保老师把孩子的自信、阳光树立起来的。音乐、体育、美术……我们这么多的老师，怎么可能会发现不了孩子身上的优点呢？为了确保喜报发放，制度规定了发放的时间及形式，比如班级可以在队会时间，或在晨会的时候进行发放；学校可以在集会或者周一升旗仪式的时候进行发放。任课老师的喜报是去班主任那里领取的，每个学期初的时候教辅中心会按照每个学生5张的数量预发给班主任，多还少补。任课老师要想给学生发喜报，就去班主任那里领取并进行登记，以便班主任对学生进行全面评价。当然，作为班主任本身也要协调好各个任课老师的关系，使喜报顺利发放。实施第一年我们初步统计发现每个孩子拿到的喜报都不只3张。一个小小的评价制度，改变了我们的教育理念，使老师换了眼光，蹲下去看学生、研究学生，长此以往学生的自信怎么会没有，个性发展怎么会不显现呢？而因材施教、个性化发展正是小班化教育的真谛所在。

一张小小的喜报带来的连锁反应是很大的，从家长的角度来说，他们一直认为自己的孩子不乖、不会读书，一直用悲观的角度看待孩子，觉得自己的孩子天生愚笨，人家的孩子都拿奖状受表扬，而自己的孩子却从来没有。到学校参加家长会，往往是灰头土脸的，压力很大。喜报制度的实施，让家长发现原来自己的孩子也有不少值得肯定的优点，也有令他为之自豪的一面，所以这不仅对孩子是一种鼓励，对家长也是一种激励，家长被认可被尊重后反过来又能推动孩子的发展。原来家长是以一种消极被动的态度应对孩子的学习需要和家庭教育，现在是以一种积极、主动的态度去配合学校做好孩子的教育教学工作。对孩子来说也是这样，原来在班级里，老师同学都看不上他，得奖后他有了被认可的感觉，虽然只是一张单薄的奖状，但这也是老师签过名、盖过章的"证据"，孩子就会很在意。喜报制度的推行，让学生变得好教育了，学习、工作、劳动变得积极主动多了，无形之中老师也成了喜报制度最直接的受益者。

我经常跟家长、孩子讲：作为家长一定要让自己的孩子成为真实的自己,这才是家庭教育的成功;作为学生一定要通过努力成为最好的自己。我也告诉老师们:一定要放下架子,甚至蹲下来发现孩子们的优点,不要过早地在一二年级就放弃孩子,过早地给一些孩子贴上标签——"你很笨""你真没用""你不会读书"。小学作为学习生涯中的基础学习阶段,随着孩子身心的变化,他们的思维、品质、学习力和行为习惯等都会有很大的变化,在这个时候我们还是应该给予孩子更多的鼓励,更多的发现。这样,孩子一定会在老师的鼓励、发现中慢慢蜕变。

为了配合喜报制度的长远有效推进,学校将喜报制度和星级学生评选挂钩,即将过程性评价和终结性评价相结合。学校规定参评星级学生除了相关一些评价指标体系外,还必须达到一定的喜报数量。每个星级对喜报数量都要有要求,这样一来,喜报的含金量迅速提高,无论家长、学生还是老师都对喜报充满期待。

小班化教学实施的另外一个重要举措就是"导师制",它倡导老师不仅成为学生在学习上的导师,更要成为孩子情感态度价值观、生活习惯、道德品质方面的良师益友。学校选派优秀老师担任小班导师并驻班,教室就是导师的办公室,上课、面批、交谈、辅导都在教室里完成,其他老师上课的时候她既可以在教室听课,或者协助任课老师开展教学,也可以到临时休息室调整身心,这样做的目的就是跟学生近距离接触,便于导师和孩子的沟通,并随时掌握学生的行为习惯、学习能力和身心变化,及时解决学生在班级中遇到的各种困难,简而言之就是让每一个学生进入导师的心里,让导师进入每一个学生的心里。这样一来小班化教学100%关注、100%面批、100%参与就成了实实在在的一项工作。

第五节　小班化教学实践的思考与问题

广厦小学的小班化教学实践，属于浙江省小班化教学先行试点学校之一，也是江北区推进小班化教学总课题下的一个子课题，这项研究从2011学年开始为期三年，从不同领域和角度对小班化实施的有效性和策略进行了积极有益的探索。作为浙江省小班化教学联盟学校的成员单位和江北区小班化教学试点学校之一，三年中我们做出了不少成绩，也遇到了不少困难，主要有几个方面。

第一，教师对小班化教学理念的认识，对教育教法的转变还不够快、准。由于小班化教育涉及教育、教学改革的多个方面，对原有在岗教师提出了更高的要求，例如要求老师更新已有观念，接受以生为本、自主合作探究学习方式等新理念。小班化教学对备课、教学、评价、辅导都提出了全新的要求，这需要教师是个多面手，具备较高的综合素养。尽管学校安排专项经费对所有老师都进行了小班化教学专题培训，请了一批专家定期通过讲座、课堂观察、数据分析、课题指导等对教师进行较为系统的培训，但还是存在较大的不足。我们原来计划小班化教学实验的第一步就是转变教师们的观念，包括教学教法、课程观念等，但问题在于，这样的培训需要教师的主观参与，且参与的状态和小班化实验的最终效果挂钩。老师们如果带着"我想学""我要学"的心态，他学习的效果会更好，而如果带着一种"要我学"的被动心态，那效果可能就不怎么好。广厦小学小班化教学实施几年以来，学校也发现部分老师在课堂教学，特别是改革意识上不够到位、进度比较慢的现象。2012年9月1日，学校在起始年级小班化教学实施一年后就提出，所有的班级都要按照小班化的教学理念、按照课堂教学改革的理念，在课堂上逐步尝试小班化教学，让每一个孩子都能获得最优发展。改变有时候就是从几张课桌的组织形式的变化开始的。

　　第二,学校需要更多具有改革探究精神的名优骨干教师。好的老师是学校的财富,是推进学校不断变革的希望和力量所在。一个优秀的老师除了爱心、责任及精湛的教学技能外,如果还具有改革探究精神,那对于学校来讲就如虎添翼了,因为她能引领学校教育教学的发展。小班化教育教学改革的推进,仅仅依靠老师会努力、会吃苦还不行,还要求教师们必须有理念、会思考,因为这是一项改革,它需要推陈出新,需要不断思考、实践,再思考、再实践。广厦小学也有一大批爱岗敬业、热心教育的好老师,他们任劳任怨埋头苦干,用爱与责任践行教书育人的使命,但是在教育改革的浪潮中很多人的观念和方法都有些滞后,他们一时又难以突破习以为常的教学生态,尽管他们认真尽责,却少了一份开拓创新精神。

　　第三,受到制度环境因素的影响,浙江省教育厅 2012 年推出"零择校"以后,广厦小学物理概念上的小班已经被打破。因为有择校制度,所以班额人数上还能够得到有效控制。"零择校"规定实施以后,加上周边商品楼盘的开发,常住居民不断增多,学校地段生源一下就多起来了。所以从物理概念上来说,小班已经不复存在了,学校每个班的班额接近 40人。但是我们并没有因为学生人数的增加而放弃学校的小班化教学之路,一批小班化实验老师依然在自己的课堂上坚持着小班化教学理念,他们并没有把眼光仅仅停留在"人数少就是小班"的层面上,而是继续在"关注每一个","发展每一个"。所以,小班化教育关键是课堂,立足课堂加强课程整合与拓展,充分发挥每一个孩子的潜能,因材施教,通过教师适性、适量、适时教育,达成"让每一个孩子获得最优发展"的目标。

　　当我们经历过"被小班"教育、小班化教育、智慧小班教育后,回过头来审视这段教育教学的变革之路就对"理念指导一切"有了更深的体会。"被小班"时我们面对每班的二十几个学生,见到的仍旧是以教师为主导的课堂,秧田式的讲授教学没有多少个性可言。而后来在大班额教学中,我们依然能努力地以生为本,因材施教,尽可能地利用科技辅助手段让学生100％参与学习,这何尝不是经历过"小班化教学"后带来的"理念"的变革啊!现在在大班额环境下实施团队学习、个性化学习,关注度、参与面尽管受到时空限制,没有小班化环境下实施来得容易,但起码老师们有了"小班化教学"意识,会从点滴中去改变并凸显生本课堂。随着社会经济的发展,特别是科技大量应用到教育中,技术的变革与推进必将带来教育跨越式发展。这就是后来学校要全力引进和推行"智慧教室"系统,构建智慧校园的目的。因为技术能突破传统课堂教学所无法突破的瓶颈,让教学跨越新的高度。

第四,相关的教育政策还需要进一步争取。小班化教育现在还处于实验和试点阶段,大规模的推广不仅需要政府经济的大力支持,在人员编制、资源配给等方面也都需要政策支持。有人认为既然小班化教学优势明显,为何不多开几个班级,这样每所学校都可以实施小班化教学了。然而他却不知,小班化教育需要投入大量的人力、物力、财力,中国人口众多,教育的投入虽然也在逐年增加,但是距离高标准的优质教育毕竟还有一些距离,如果大班变小班,一时之间不仅学校不够用,教师资源也跟不上,所以目前来讲全面推进小班化教育还有一定的困难,特别是在人口相对集中的城市里更是困难,但是随着国家社会经济的发展、理念的更新,小班化教育时代必然会真正到来。

第二章　学科行动

第一节　语文：合理·扎实·灵动
——如何利用小班化学习小组让语文教学更有效

　　2011 年广厦小学开展了"小班化"教学的课题研究，通过学习和教学实践，我们对它有了更深入的了解。小班化教学中更倡导学生自主学习、合作学习和探索学习。而这样的学习方式也符合新课标对小学语文合作学习提出的新的要求："引导学生建立新的学习方式，建立'自主、合作、探究'的学习方式"。要达到这个目标则要依托优化的学习小组，通过合理的安排预习作业，有效扎实的课堂练习，灵动的课外实践活动，让语文教学更有效。

一、合理安排预习作业，通过小组合作保证预习质量

　　预习是一种超前性的学习，是学习过程中不可缺少的一个环节，它能培养学生的学习兴趣、自学能力和探索精神。可是很多时候部分预习作业因为检查起来不够直观，老师没有充足的时间去一一检查学生的预习情况，因此预习作业的完成质量较差。故而教师绝对会停下课来给足学生充分的再次预习时间，这大大影响了语文课堂的教学效率。基于此，可

以合理安排预习作业,利用小班化学习小组合作的方式来保证预习作业的质量。根据低中高段的年段特点具体做法如下:

低段的自主预习:1.独立完成"预习作业",见图3-2-1。2.学习小组互查阶段:认读生字卡片,分小节轮流读课文,并记录错误。3.小组成员根据记录评分。4.上课前5分钟,由各个小组语文组长向全班汇报小组内预习的情况。

```
低段学生的预习作业
1.读课文一遍,并把生字圈一圈,读一读。
2.再读课文一遍,把新词或难读的词语划下来,读一读。
3.我读了(    )遍课文,已经能把课文读(通顺、流利、有感情)了。
```

图 3-2-1　低段学生的预习作业

中高段的自主预习阶段:1.独立完成"预习作业",见图3-2-2。2.学习小组互相检查预习作业是否完成,然后由小组讨论评分。3.各组讨论拿出一个可行的参考答案,并有红笔更正的痕迹。4.上课前5分钟,由各个小组的语文组长向全班汇报小组内的预习情况。

```
中高段学生的预习作业
一、读课题质疑:看到这个课题时,我想(                    )
二、知道大意:认真地读课文,把课文读正确、读通顺,遇到难读的地方多读几遍。
然后想想课文主要讲了(                    )
三、品读精彩语句
    1.我认为本文最精彩的语句(在文中划下来)。
    2.我对文中重点语段或句子的理解(在课文里做阅读批注)。
四、谈感受。读了这篇课文,我的感受是(                )
五、再质疑。读了课文我还有不明白的地方是(                )
```

图 3-2-2　中高段学生的预习作业

当然教师也可以根据实际教学情况完善预习作业的具体要求。低年级的语文课文中每单元的新授课文中学生要学许多生字,如果单靠老师教,时间方面肯定是来不及的,这就需要小组合作。这样学生在互听互检的形式下交流,每个人把认识的字读给伙伴听,如果遇到不懂的字,组里的伙伴就给予提醒。如此一来,学生在小组内互教互学,其乐融融,教师则在学生交流的基础上,针对难认的字再重点指导,可以提高识字效率。

在中高年级的学习中为了提高预习的兴趣,还可以进行预习心得交流活动,小组互相交流后,推荐小组中预习得最充分的学生在全班进行交流。比如:我在预习后学到了哪些知识;积累了哪些新的词语和优美的句子;通读课文后,我懂得了什么道理……

二、创设扎实的课堂练笔,利用小组合作提升阅读力

"课堂练笔"已是语文教学中必不可少的训练,它机动灵活、形式多样、切入口小、难度低,打开了学生"阅读"与"表达"的通道,成为课堂教学的一道亮丽的风景线。可是在平时教学中,教师很难在有限的时间里关注到每一个孩子的想法,许多孩子的练笔都不能被有效地反馈。但是,如果在阅读教学的"课堂练笔"时,利用同质和异质分组的特点可以有效地推动学生的练笔训练,这将大大提升学生的阅读能力。

案例一:《金钱的魔力》

1.像这样精妙的对托德和老板的描写,文中还有很多,请小组同学分别选择其中一个人物,把你认为最精彩的、最能揣摩人物内心想法和性格特点的一句或两句在书中标出来,并做好批注,最后提炼出人物特点。

2.独立完成练习,小组交流想法并整理小组汇报表。

找出课文中1~2个描写托德或老板语言、神态、动作的句子。联系上下文,仔细研读、揣摩人物当时的内心想法,提炼出人物特点,填写表3-2-1。

表 3-2-1　人物特点表

人　　物	具体表现	内心想法	人物特点

3.教师把小组汇报表拍照上传,并请全体学生交流评议各自的想法。

在此案例中,异质分组中的每一个学生都要把自己的学习过程和结

果展示出来,消除优秀学生的"霸语权"。同时在小组合作表格的填写中,教师通过"练笔"让学生全员参与整体解读文本和领会语言表达的活动,由于是异质分组,那么在小组交流中优秀生可以表达自己的不同想法,后进生在这一过程中则可以深入思考,每一个学生的读写能力得到有效发展。

案例二:《电脑住宅》

师:根据电脑住宅的示意图,填写表格,电脑住宅中的设施如何工作、有何功能都弄明白了吗? 现在请你们写下"自述"两个字,并思考"自述"是什么意思? 对,就是自己介绍自己。现在我把全班分为五组,第一组写"住宅的外设施",第二组写"会客室",第三组写"厨房",第四组写"卧室",第五组写"浴室"。请把你们各自的特点、作用写出来,为自己做推销。看谁会夸自己。

交流1:下面,请在各自小组中读自己写的"自述",小组推选最佳推销员。

交流2:请各自小组的最佳推销员上台来完整地推销自己小组的《电脑住宅》。

在此案例中,这种重组表达不是简单的内容复述,而是合理地创新表达。在自述中,既要内化文本,又要具有创造性。如果是异质合作小组,可能后进生没有机会成为最佳推销员,更有可能在小组交流之前就因为自卑而不愿意去认真思考。而在同质分组中,学生都是同一起跑线的,就看谁讲述更清楚更有创意了。俗话说得好,"三个臭皮匠顶一个诸葛亮",小组里你一言我一句,人人发言,大家茅塞顿开。这样的训练设计激发了学生读、写、说的兴趣,切实地提高了学生的语文实践运用能力。

三、布置灵动的课外实践活动,借助小组合作拓展语文素养

长期以来,由于作业形式的单一,内容的机械重复,学生做得厌烦,教师批得也累,而且很多作业多是关于知识方面的,很少涉及能力培养方

面。而语文教学中,培养学生的语文素养是十分重要的。在小班化教育的东风中,在教学中布置灵动的课外实践活动,借助小组合作可真正为学生提高语文素养服务。

案例一:人教版二年级下册《丑小鸭》

1.课外阅读《安徒生童话》。

2.小组交流《安徒生童话》中自己最喜欢的角色,以及为什么喜欢。

3.准备一篇最喜欢的童话故事读或者讲给组员听,推荐"故事大王"参加班级比赛。

教材文本仅仅是一个范例,童话的阅读不应随着课堂教学的结束而停止,孩子在课堂学习中获得了启发,得到了引领,作为语文老师,应及时地将孩子对童话的阅读热情延伸至课外,提供与课文相关的童话阅读资料。孩子阅读童话的兴趣被激起来了,就需要营造一个阅读的氛围,去寻找其中的乐趣,使这种兴趣保持得更持久,使之成为一种阅读的内在动力。而形成这种氛围的最好的方式就是同伴。在小组中开展"读书交流会",将自己的阅读心得和别人一起分享;将自己喜欢的童话书介绍给同学,都是让孩子喜欢阅读、爱上阅读的行之有效的方式。

案例二:人教版五年级下册《半截蜡烛》课外实践作业课本剧排练

1.8人为一组进行人物分配,组长协调布置道具等。

2.演员准备剧本台词。

3.小组排练,准备演出。

高段的语文教学中常会以课本剧的方式将课文内容在课堂上呈现。可这篇课文是一个严肃的主题,在没有排练的情况下仓促上场,在教室那种特有的氛围下,如果被学生们演绎成喜剧,岂不是弄巧成拙了?所以,教师在课堂上让学生基本了解剧本的一般特点,引导学生反复朗读,体会人物情感后布置了课本剧的排练。

清朝的颜元曾经说:"讲之功有限,习之功无已"。教学必然要以学习者自身习练为基础,在小组分配角色——协调组织——反复排练——正式演出这一系列的练习下,学生通过在课文改编成剧本的过程中自读、自练、自悟、自创,将文本表述背后的"潜台词"进行自我的深度挖掘,有利于学生对课文语言表述技巧的学习和掌握。学生在小组合作中既是演员又是观众的双重感观,激发了他们多维度的情感体验。

除了上述优化小组合作的教学方法外,还有许许多多的方法可以进行探索和研究。随着新一轮基础教育课程改革的深入、语文课程标准的颁布和推行,语文教学必将挣脱传统理念的束缚,在教育教学中开创一片新天地,如果能够在教学过程中遵循教学规律,并立足于新课标,合理利用"小班化"学习小组的合作学习,一定能更好地培养和发展学生的综合素质,让语文教学更有效。(执笔:葛凌晓)

第二节　数学:小班化背景下小学数学个性化作业的设计

《数学课程标准·2011 年版》指出:"数学课程应致力于实现义务教育阶段的培养目标,要面向全体学生,适应学生个性发展的需要。""通过义务教育阶段的数学学习,学生能了解数学的价值,提高学习数学的兴趣,增强学好数学的信心,养成良好的学习习惯,具有初步的创新意识和科学态度。"可见,适应学生个性发展、提高学生的创新意识是数学教学的两大关注点。

数学作业作为课堂教学的延伸和补充,是让学生巩固所学知识、培养其各种能力、增强教学效果的有效手段,也是适应学生个性发展、提高学生创新意识的重要方式。问题在于,常规的数学作业布置特别是在大班的数学课堂中,由于学生人数较多,大多数教师布置的作业形式单一,缺乏创新意识,使得学生依然停留在以重复练习为主的作业模式中,因而很难适应学生的个性发展。而小班化课堂中,学生的人数一般是 20～30人,人数的减少为教师在教育教学中提供了更多的可能,尤其是在适应学生个性发展、提高学生的创新意识方面提供了基础。为此,在小班化教学中,我通过设计难度分层、形式多样、自创作业等个性化作业,在满足学生个性化发展的同时,提高学生学习数学的兴趣,培养学生的创新意识。

一、难度分层,满足学生的个性化发展

分层作业是依据课堂教学目标,设计由易到难,由浅到深,难易适中,分量适度的作业,以适应不同层次学生的需求,满足学生的个性化发展。

学生间的数学知识、数学能力的差异是客观存在的,要让"不同的人在数学上得到不同的发展",就要将学生视为生动的、富有个性的、不断发

展的个体，根据学生的认知发展水平和已有的经验，尊重学生的个体差异和不同的学习需求，给每一个学生提供思考、创造、表现和成功的机会。面对班级内能力参差不齐的学生，传统的"一刀切"的作业，使优秀的学生吃不饱，无法尽情发挥其创造力，也使基础差的学生感到困难，影响其学习的积极性。而在小班化数学教学中，教师有充足的时间，根据学生的差异来设计有层次的作业，这样既可关注后进生和中等生，又能关注优秀生，让不同层次的学生选择适合自己的作业。

　　为此，我从难度分层入手，根据学生的学情差异，将课堂作业设计成难易不同的基础题、综合题、挑战题三种模式，满足不同学生的学习需求。第一层作业是基础题，作业内容侧重于基本知识和基本技能的训练，适合"学困生"。第二层作业是综合题，作业内容以培养学生迁移能力为目标，考查学生在基础知识掌握后灵活运用所学知识的能力，适合"中等生"。第三层作业是挑战题，作业内容鼓励学生创造性地解决问题，主要面对思维能力强，愿意挑战自我的"优等生"。例如，我设计的有关"乘法分配律"的练习：

　　1.基础题

　　(1)$117\times3+117\times7$

　　(2)$38\times(100-2)$

　　(3)24×205

　　此练习适合"学困生"，需要学生结合乘法的意义来理解乘法分配律的含义，加深对乘法分配律内涵的理解。前两题为基本练习，巩固用乘法分配律进行简便计算的基本技能，第(3)题需要学生观察数字的特点，再利用乘法分配律进行简便计算，也给学困生一点小小的数学挑战，增强他们学好数学的信心。

　　2.综合题

　　(1)103×12

　　(2)125×72

(3)388×36＋388×25＋388×39

此练习适合"中等生"，需要学生在对乘法分配律意义的理解上加以灵活运用，加深对简便计算的认识与体验。特别第(3)题是乘法分配律形式的推广，将两个数的和(差)与一个数相乘，推广到三个数的和(差)与一个数相乘，进一步完善学生对乘法分配律的认识。

3.挑战题：不计算，在○里填上＜、＞、＝号

(1)39×(20＋1)○39×20＋1

(2)(230－23)÷23○230÷23－23÷23

(3)35×28＋70○35×33

此练习适合"优等生"，需要学生不仅能灵活运用乘法分配律，也要掌握该定律在除法中的拓展与延伸。第(1)题要求学生对乘法分配律的意义有深刻理解，第(2)题要求学生探索出该定律在除法中的运用，第(3)题要求学生观察数字特点，灵活运用定律，培养学生进行简便计算的意识。

以上的作业设计，给学生留有自主选择空间的同时，使不同的学生都能得到不同程度的发展。

二、类型多样，激发学生学习数学的兴趣

多样作业是指在关注学生的情感、态度和价值观的同时，设计出形式多样、方式多样、功能多样，激发学生学习兴趣的作业。

目前，我们的数学作业形式较为单一，统一的作业内容、统一的作业要求。这样的作业，不仅没有考虑到作业的不同性质，而且没有考虑到具体学生的具体情况，因而很难激发学生学习数学的兴趣。在小班化教学背景下，由于班级人数较少，教师就可以在作业形式上动脑筋，设计形式多样的作业，激发学生的学习兴趣。具体而言，为了设计形式多样的作业，我主要从两个方面做出尝试。

一方面，根据学生的心理特性及其对作业的态度，可以把作业设计成趣味性作业和开放性作业。就趣味性作业而言，一般学生对学科的喜好

与否基本上取决于是否对它感兴趣。因此,教师要根据学生的认知和心理特点,设计具有趣味性的作业,这有助于维持学生求知的热情,提高他们学习数学的兴趣。例如教完"乘法口诀"后,可以设计学生与家长一起玩"对口令"游戏。又如在布置"比高矮"的作业时,老师可让学生回家和家长排排队,看看谁最高谁最矮;布置"前后、左右"的作业时,可以设计:请家长坐好,说说家长及自己前后、左右有些什么。这样的作业提升了学习的趣味,能使学生愉快地巩固所学知识,激发他们学习的兴趣。至于开放性作业,是指教师充分挖掘教材中的智力因素,依据学生的心理特点,设计内容丰富、有趣且富于思考、探究的开放性作业。开放性作业的答案不唯一,解题时要从多角度运用多种思维方法去分析,可用不同的方法解答问题,以激发学生学习数学的兴趣,开拓学生的思维空间,让每个学生的个性得到自由的发展。例如教完"正方体的表面积"后,设计:"你能做一个小正方体吗？它的表面展开图有几种可能,请你画一画。"这样的设计,让学生探究正方体表面展开图的多种可能性,同时也提高了学生做作业的兴趣。

另一方面,从数学作业本身的特性出发,可以把作业设计成实践性作业和学科整合性作业。数学实践性作业为学生在数学与生活之间架起了桥梁,让学生发现生活中的数学,研究生活中的数学,并能用数学的眼光去思考生活,去解决生活中的一些实际问题。现实生活中处处包含着数学,在现实世界中寻找数学问题,能让数学贴近学生的生活,能让学生体会到数学的价值,从而产生积极探究的兴趣。如教完质量单位"克"和"千克"后,可设计:家长带孩子到超市里去买重 50 克、500 克、1 千克、5 千克的东西,用手掂一掂,估一估,感受物体的重量。学科整合性作业是指把数学学习与多门学科知识结合起来,在掌握数学基础知识的同时,有意识地渗透其他学科知识,拓展学生的视野,提高其学习数学的兴趣。"新课改"指出:数学和语文、美术等其他学科的整合,能使学生更爱数学,更好地发展学生的能力。因此,在布置作业时可以结合学科特点,设计出学科之间相互补充,相互促进的作业,增强作业的趣味性。如教完统计后,正巧语文作业要求学生背诵课文,可设计:请你设计一幅统计图反映班级学生对该课文的背诵情况。这样不但可以激发学生背诵课文的动力,而且也巩固了学生对于统计知识的理解。

作业形式的多样化,增加了作业的趣味性,满足不同学生的作业要求,让学生在做作业的过程中体验数学学习的乐趣。

三、自创作业,初步培养学生的创新意识

新课程要求学生学会探究性学习,培养学生的创新思维和创新能力。为了实现培养学生创新思维和创新能力这一目标,在作业设计上,教师可以给学生一个自由发挥的空间,鼓励他们自创作业,这是一个非常有益的尝试。小班化教学给学生提供了更大的自由空间,为了让作业成为学生展示才艺特长、张扬个性的舞台,教师可以根据教学内容的不同,在学习完某一知识点之后,寻找一个最佳切入点,让学生自创作业,自主设计作业,以此激发学生的创造性思维,培养学生的创新意识。

一般而言,自创作业就是在学习完某一知识点后,教师鼓励学生个体或小组根据对该知识点的掌握情况,自主设计作业,并请个体或小组来完成作业。为了让学生的自创作业有一定的水准,教师可以事先在题型、作业难度等方面做一些指导。例如在学习完"用有余数除法解决问题"后,要求以小组为单位,自行设计类似的除法问题并解决。以下是各组学生的自创作业:

第 1 组:批发市场运来 50 个鸡蛋,每 6 个装一盒,最多可以装几盒?还剩多少个鸡蛋?

第 2 组:森林里有 74 只小动物去野餐,每 8 只小动物为一组,一共可以分成多少组?

第 3 组:森林里举行了一场跑步比赛,有 32 只动物参加了比赛,5 只动物跑一场,可以跑多少场?

第 4 组:5 月份有多少个星期? 还剩多少天?

这样的作业设计,不仅使学生巩固了有余数除法的知识,还使学生乐于解决自己或他人设计的问题,激发了学生的创新意识。

实践证明,自创作业至少有两大方面的好处。一方面,学生对自己设计出的作业更感兴趣,练习也更投入、主动。从学生的需要出发,让学生当一回作业的"编导",自己设计作业,主动参与。另一方面,有助于加深学生对知识的理解,让学生对知识有一个整体的把握。学生不仅要"知其然",还要"知其所以然"。这就要求学生不仅要揽知识于胸中,而且要以崭新的形式将之呈现出来,极大地培养了学生的创新意识。另外,在自创作业的过程中,学生之间相互交流,效果更好。

总而言之,小班化教学中的难度分层、形式多样及学生自创等个性化作业的设计,极大地提高了常规的作业布置水平,让作业"活"起来,学生动起来,促使学生主动学习。个性化数学作业的设计有助于满足每一个学生的发展,提高学生学习数学的兴趣,培养学生的创新意识,充分发挥学生的个性潜能。(执笔:韩雅芬)

第三节 英语：塑造"关注每一个"的小班化英语常态课

一、关注每一个，意味着让每一个孩子都有机会表达

我们来看这么一个问题：学生认真倾听就是在参与课堂吗？是的，我们不可否认学生认真倾听可以代表他在参与课堂，老师也可以通过他的表情、神态、举止来判断他是否在思考，是否理解教学内容，但这些也只是老师的猜测，并不能完全断定，因此，我们无法保证认真倾听的孩子是真的在思考。而我们能够完全判断孩子在思考的唯一方式就是让孩子将自己真实的想法表达出来，也只有当我们在课堂上感知到每一位孩子的思考，我们才能说所有的孩子都参与到课堂中来了。换句话说，在小班的课堂里，我们需要看到每个孩子的思维！

可是怎样感知每一位孩子的思维呢？第一种方式就是老师提问，孩子回答或者是孩子问、孩子答，也就是我们所说的师生互动、生生互动，在互动的过程中，孩子的发言或展示就可以让教师感知他的思维。第二种方式就是合作学习，在合作学习和交流的过程中，每个孩子都有了表达自己思想的机会。所以，要看到每一个孩子的思维，我们就需要让每一个孩子都有机会表达自己的思想，让每一个孩子都能够参与合作学习。

所谓表达包括语言表达和肢体表达，也就是我们平常所说的发言、展示、表演等。单独表达是需要具有思维含量的，所以不包含"开火车"发言、两人齐发言、四人齐发言等方式，因为这样做，教师根本无法关注学生个体学情。例如，我在"2016 之春第 96 届浙派名师暨省小学英语名师网络工作室经典课堂教学艺术展"中，对展示的 12 堂课做了"课堂学生单独表达"情况记录。

"PEP4　Unit3　A Let's spell"是本次展示课堂中课堂学生表达率最高的一堂课，如图 3-2-3 所示。

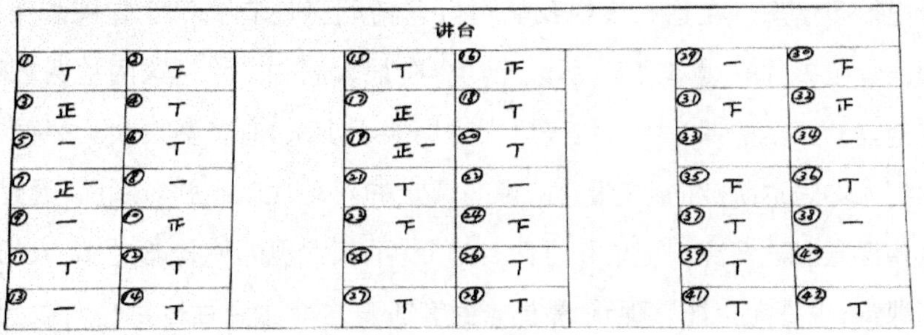

图 3-2-3　学生单独表达情况记录表

从记录表中，我们看到全班共 42 位学生，单独表达人数为 39 人，课堂表达率达 92.9%；从表达次数统计中，我们还可以看到有 2 位学生各表达了 6 次，有 2 位学生各表达了 5 次，3 个学生各表达了 4 次，6 个学生各表达了 3 次，18 个学生各表达了 2 次，8 个学生各表达了 1 次，3 位学生各表达 0 次，所以学生单独表达的总次数为 96 次，即教师的总提问次数是 96 次，如果将这 96 次平均到 42 位学生身上，那么人均表达次数大约为 2.3 次。

"PEP8　Recycle"是本次展示课堂中课堂表达率最低的一堂课，见图 3-2-4。

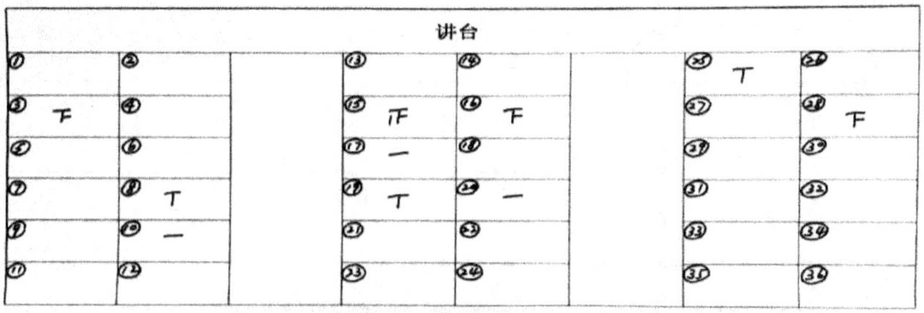

图 3-2-4　学生单独表达情况记录表

在本课中，全班共 36 名学生，其中单独表达人数为 10 人，课堂表达率为 27.8%；教师总提问次数为 22 次，人均表达次数为 0.6 次。在这堂课中,学生异常沉闷,主要以教师讲授为主,师生、生生间的互动存在很大问题。

表 3-2-2 是我记录的 12 节课的统计表,从这张表的数据中我们可以读出很多信息。在这张表中我们可以非常明显地看到第 9 堂课和第 11 堂课学生单独表达率很低,所以互动存在很大问题。除了这两堂课之外,其他互动正常的课堂中人均表达次数均大于 1 次,有些甚至大于 2 次,可达到人均表达次数的数字越高,说明课堂的互动性就越强。因而,通过对这些课堂表达情况的记录和统计,我们就可以发现即使是超过 40 人的大班课堂,也是完全能够保证课堂学生单独表达率达到百分百!而做到课堂学生单独表达率百分百的前提是教师精心设计问题,合理提问,基于每个孩子的学情,量身定制地为每一个孩子设计问题。

表 3-2-2 2016 之春第 96 届浙派名师"课堂学生单独表达情况"统计表

序号	1	2	3	4	5	6
课题名称	PEP 2 Unit 5 A Let's spell	PEP 4 Unit 3 A Let's spell	The Shopping List	Vegetable Farm	PEP 6 Unit 2 A Let's learn	Weather Report
上课班级总人数	42	42	46	38	43	40
单独表达人数	27	39	13	34	26	19
教师总提问次数	51	95	57	107	64	44
实际表达率	64.3%	92.9%	28.3%	89.5%	60.5%	47.5%
人均表达次数	1.2	2.3	1.2	2.8	1.5	1.1
序号	7	8	9	10	11	12
课题名称	PEP 4 Unit 5 A Let's Talk	PEP 8 Unit 1 C Story Time	Frozen	PEP 8 Unit 3 My holiday	PEP 8 Recycle P43	PEP 8 Recycle

续表

序号	7	8	9	10	11	12
上课班级总人数	34	37	41	37	36	38
单独表达人数	23	20	12	19	10	16
教师总提问次数	86	42	31	52	22	59
实际表达率	67.6%	54.1%	29.3%	51.4%	27.8%	42.1%
人均表达次数	2.5	1.1	0.76	1.4	0.6	1.6

　　所以在平常的教学设计中,我通常都考虑到每一位学生的学情,根据学生不同的程度,给予他们不同的问题,做到了让每一位孩子在每一堂课中都能至少有一次单独的机会在课堂中进行发言、展示等。

　　如在三年级上册第五单元"I'd like to eat! Part A Let's talk"这一课的教学设计中,我就为每一位孩子都设计了一个问题,这是教案的一小部分,见表 3-2-3。

表 3-2-3　I'd like to eat! Part A let's talk 教学设计

教学环节	教学目标	教师活动	学生活动	重点关注的学生	个别教学对象
	1. Let's observe the picture carefully and try to understand the meaning of the picture. 2. Practice the sentence "I'd like some juice, please." Try to solve the sound problems of I'd and some.	1. Use the spotlight to focus on the characters. T:Who is he? T:Who is she? T:Whose mom? T: Now please look at the picture. Mike and mom are at the table. What do you see on the table? Use phonics to spell the bread. 2. T: They smell good. What would you like? I'd like some···. The steps of (1)(2)(3) here can be random. Teach the sentence: I'd like some juice. Pay attention to the pronunciation of I'd and some. Teacher shows a bottle of juice, and ask: What would you like? T: Here you are. Have some juice. Practice three pairs.	1. Answer the questions. No. 9: He is Mike. No. 18: She is mom. Mike's mom No. 11: I see juice. I see eggs. I see bread. No. 10: I'd like some juice, please. No. 10: Thanks. Yummy.	(25,37,31,24,20,12,)	3

　　我在学生活动中将每位学生的学号都备进了教案。只有将每一个孩子都备进我们的教案中,学生表达率才能够达到100%。

二、关注每一个,意味着让每一个孩子参与合作

　　有效的合作交流能让每一个孩子的想法得到充分表达,因而在课堂中,我们需要充分运用合作学习的方法,让每一个孩子在合作学习中参与、体验、实践、锻炼和分享。经过课堂观察和实践,正确的合作时机、难度适宜的合作内容、明确的合作问题、清晰的合作要求、有组织的组内合作、充分的组间反馈和交流,这些都是有效合作学习的必备条件。因而,我们也对合作学习展开了深入探究,并根据不同的合作内容及不同年龄段学生的特点,将合作学习分成了三种方式。第一种方式是“贝尔——兰喀斯特”制小组合作(导生制的小组合作)。此小组合作并非真正意义上的合作学习,但可应用于简单的小组活动,让小组活动有条不紊地开展。低段学生自主性较差,学生合作意识淡薄,导生制的合作学习是培养学生合作能力的基础,尤其适用于一、二年级学生。第二种方式是基于导生制的任务型合作学习。此合作学习才是真正意义上的合作学习,通常用于比较有难度的问题或任务,通过讨论、汇报、分享来解决这个难点,真正培养了学生的合作意识和技能。通常用于一年级下半学期到六年级的学生。第三种方式是自主学习式的小组合作。通过 TEAM MODEL 智慧教室环境中的课堂实践,我们构建了自主合作阅读学习模式,旨在服务于学生的自主阅读和自主学习。自主合作阅读学习通常用于小学高段五、六年级。自主合作阅读学习的实施不仅完全符合学生的认知过程,而且开发了学生差异资源,实现了学生在最近发展区内个性的发展和对知识的主动意义建构和深层次的思维发展,并有利于促进学生智力、能力和社会情感的和谐发展。同时,智慧教室在自主合作阅读学习模式中的运用,使学生在合作时获取资源更加便捷,参与课堂更加自由、及时,体验更丰富,互动方式也更多样,使我们的课堂真正达到了“三精三动”的效果:即

精确、精细、精进；生动、互动、主动。

三、关注每一位，意味着需要承认每一个孩子的差异

在这个世界上，每一个孩子都是独一无二的，所以我们需要看到每个孩子之间的差异，关注每一个，也就必须承认每个孩子的差异性。因而在课堂中，我们就需要实施分层教学。根据学生的学情，我们将分层教学放在不同的教学环节，所以我们可以将分层教学分为三种，分别是巩固中的分层、拓展中的分层和作业中的分层。作业中的分层大家看到的比较多，所以，这里主要跟大家分享一下巩固中的分层和拓展中的分层。

在原来的课堂中，当我们呈现完课文文本后，让学生进行巩固表演时就会出现两种情况：掌握程度高的孩子想要表演得跟课文不一样，而程度低的孩子只能够模仿课文来表演。所以，为了满足这两种孩子的不同需求，我就将巩固环节作了分层处理。比如在三年级上册第五单元"I'd like to eat! Part A Let's talk"这一课的巩固环节中，我就设计了这样两个不同层次的表演场景，如图 3-2-5 所示。

图 3-2-5 分层表演案例图

我们可以看到第一种是模仿课文表演，这属于第一层次；第二种是自己创编表演，这属于第二层次。然后让孩子选择自己喜欢的一种方式来进行表演。通过这样的分层，满足了不同层次的孩子的表达欲望。

当大部分学生的程度都相当时,那么我们就可以考虑将分层教学放在拓展环节,如在"PEP 6 Unit 2　Colourful Season Part A Let's learn"这一课的拓展中,就可以这样设计如图 3-2-6 所示。

Please choose one of the levels to write down your favourite season and the reasons.

(请选择其中一份写写自己喜欢的季节及喜欢的原因。)

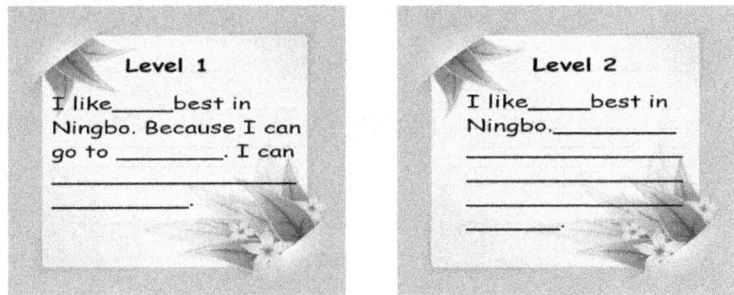

Level 1

I like_____best in Ningbo. Because I can go to _____. I can _____.

Level 2

I like_____best in Ningbo. _____

图 3-2-6　分层教学拓展案例

我们可以看到第一层次的设计,给予的支架语言比较多,而第二层次的设计给予的支架语言比较少,学生可以充分自由地发挥想象。学生根据自己的掌握程度来选择写作内容,从而让学生在各自的最近发展区内得到不同程度的提高。

四、关注每一个,意味着不能让每一个孩子掉队

关注每一位,还意味着不让每一个孩子掉队,这就是说,在课堂教学中,我们要实时关注孩子的学习动态,掌握孩子的学习情况。通过智慧软件中的 IRS 遥控器对课堂效果进行检测,根据检测反馈结果,及时地对没听懂的孩子进行个别指导。另外,根据平常对学生的了解,对于基础特别薄弱的孩子,在课堂教学的巡视中,就要充分利用这个时间段,对孩子进行有效的个别辅导。

通过课堂学生单独表达率百分百、课堂学生参与合作百分百、课堂分层教学适性适量、课堂教师个别指导深入有效等几方面的实践,我们的小

班化理念真正落实到了英语教学的每一堂课中,从而塑造了"关注每一个"的小班化英语常态课!

　　路漫漫其修远兮,吾将上下而求索! 在小班化教育的这条道路上,我们还将不断探索! (执笔:郑聪聪)

第三章　思行交融

第一节　发挥小班化优势,引导学生自主学习

近年来,从学生的发展出发,以人为本的教改方式——小班化课堂教学,正逐渐散发出独特的魅力。小班化教学提倡的是学生主动自觉地参与学习,培养学生自主的学习能力。它以发展学生的个性为出发点,体现了教育的均等性和充分性。在常规教学中,教师的任务大多是在课堂上执行教案,很少顾及学生的“学”。而在小班化教学中,由于学生人数少,相对来说每个学生学习空间、活动空间及其他教育资源的占有量比较大,学生受教育的时间、条件得到了改善。更重要的是,教师的角色也发生了根本性的变化,由“主角”变为“主导”,学生则由“配角”变为“主体”。这就决定了我们课堂教学的一项重要任务,即培养学生学习的主动性。因此教师在教学活动中要有意识地为学生创造主动参与学习的条件和内容,让学生多动脑、多动手,引导学生经历知识形成的过程,让学生在获取知识、提高能力、发展智力的同时学会发现问题、解决问题,把课题变成自主学习的过程,让学生自主去尝试、探究、归纳、总结。

一、创设情境,让学生主动参与进来

在小班化的教学环境中,每个学生都应拥有一块自我发展的空间,这来自于小班化教育思想的哲学理念,即让每个学生都学会更主动、更积极、更自觉地去学习。因此,在课堂上,我们要坚持做到面向全体学生,让每个孩子的情感都被激发,让每个孩子都能参与到活动中去,让每个孩子都有表现的机会。人教版第四册《动手做做看》一课讲述了一个非常有趣的故事,科学家朗志万为了培养孩子们的科学精神和实践能力,故意把一个错误的结论告诉孩子们,再问孩子们为什么,目的是让孩子们知道"科学家的话,也不一定都是对的,要动手做做看"。在这些孩子中,伊琳娜是个肯动脑筋的孩子,她不盲从,通过自己动手实验,验证了自己的猜疑。在教学中,我发现学生对科学家朗志万提出的问题很感兴趣,我就创设了这样一个情境:和文中的伊琳娜一起动手,共同做实验,验证猜疑,然后再让他们谈实验后的感受。通过情景模拟,既让学生在自主探究的过程中获得了成功的快乐,又有效地解决了教学重点,学生不但体会到了伊琳娜生气的原因,更领悟到了不要盲目相信别人的话,要动手做做看的道理。又如讲授人教版第四册《蜜蜂引路》第三段时,我把数学课上常用的"画一画"的方法带到教学中,以"蜜蜂真的会给人引路吗? 列宁是怎样利用蜜蜂做向导找到养蜂人的?"作为切入点,引导学生默读这一段课文,边读边思考:列宁的住处、花丛、园子、养蜂人的小房子各在什么地方? 然后让学生分小组合作讨论,画出示意图,再汇报它们之间的相互联系,在读书和汇报中学生体会到了列宁善于观察、勤于思考的品质。这样的教学设计,肯定是每个学生都乐于参与的,他们在合作学习的探究过程中,自然而然地理解了课文的内涵。

二、借助预习,优化学生的学习品质

小班化的课堂教学不仅要关注学生所掌握的知识是不是自己主动探

究获得的,也要注重学生学习的品质。预习作为课堂教学的前奏,是培养学生自学能力的重要途径,是优化学生学习品质的重要渠道。在教学中,教师在把握年级侧重点的同时,可以针对班级同学差异,提出不同的预习要求,让每个学生都能积极参与教学的全过程,成为学习的主人。以三年级为例,我设定的预习方法包括:"默读——查阅——朗读——摘抄——思考"这几个环节。上新课之前,我会把每一课的预习要求整理成预习单,以作业形式进行布置。每一步骤的要求如下:

1. 默读

初次默读的要求有两点:一是了解课文的大概意思,对全文有一个初步的印象。比如课文写了一件什么事,介绍了一个什么人,描写了一些什么景。二是找出带有生字的词,圈出不认识的字,为生字注音,标出不理解的语句。

2. 查阅

通过查阅字典、借助《词语手册》,对不理解的词语,初步了解它的意思。必要时还可以查一些与课文有关的课外资料。

3. 朗读

先将带生字的词多读几遍后,就可以放声朗读课文了。这时的朗读我要求学生至少读三遍,并要求把词语读准确,把长句子读通顺,把课文读流利,边读边想文章的内容等等。

4. 摘抄

把文中写得比较好的、应该积累的词语和句子摘录下来。学生通过动手摘录,使眼、手、脑并用,效果比读更好。

5. 思考

学生有了前面的预习基础,对课文的内容、特点有了初步的了解,这时,针对每篇课文提出一些思考题,有的是针对课后问题的,有的是针对全篇文章的主要内容的概括,让学生在书上画一画,在预习单上写一写,最后,再思考一下课文中还有哪些问题不太清楚,需要在上课的时候认真听老师讲或向同学和老师请教的,并在书上做记号,以提醒自己上课时更加注意听讲。如人教版第五册课文《一次成功的实验》讲述了一位教育家在一所小学中让三个学生做"逃生"的实验。这个实验做过多次都没有成功,而这次却获得了成功。当时我设计了这样的思考题帮助学生预习:1. 用"教育家、小学生、实验、成功"思考课文讲了一个什么故事? 2.教育家做了一个怎样的实验? 这个实验取得成功的原因是什么? 又如人教版第五册《掌声》一课中讲的是残疾女孩英子内心很自卑,一个偶然的机会,同学们鼓励的掌声改变了英子的生活态度,她变成了一个活泼开朗的人。

我布置预习作业时要求学生思考:1. 文中几次写到了掌声,找出描写掌声的句子,画上横线。2. 想想这掌声是在怎样的情况下响起来的? 画出描写英子那时的表现的句子,用波浪线做上记号。作为每篇课文的常规性预习作业,因为有了明确的任务,学生预习起来有章可循,做到一步步地有效落实。布置预习作业真正做到了关注学生的发展,把学生放到了学习的主体地位,尊重学生,发挥学生的主体作用,让每个学生都能积极参与教学的全过程,成为学习的主人。

当然,教师帮助学生设计好预习环节后,还要重视检查,使预习活动落到实处,养成习惯。对预习做得好的学生多加表扬,对在预习过程中,能提出问题、大胆质疑的同学及时加以肯定。对预习效果差的学生也应积极鼓励,发现其闪光点。叶圣陶曾经说过,"教的目的是达到不要教"。教师教学的最终目的,不是单纯地传授给学生某些知识,而是教给学生如何掌握这些知识的方法。只有这样,学生在学习中才能变被动地接受知识为主动地学习知识。

三、质疑问难,以疑问激发学生的学习热情

由于受传统"师道尊严"的观念影响,课堂中教师高高在上,说一不二,学生即使有疑问也不敢发问,师生间缺少必要的沟通,因此,学习效果

得不到及时反馈。而小班化教学则需要教师创设各种问题情境,让学生自己学会提出问题,鼓励学生自主质疑,积极思考,自觉地解决自己提出的问题。例如人教版第四册课文《小鹿的玫瑰花》是一篇能够引起学生思考且使其有所感悟的童话故事。春天里,小鹿栽了一丛玫瑰,在玫瑰快开花的时候,他却因跌伤了脚不能走动而没有看到玫瑰开花。鹿弟弟先是替哥哥惋惜,后来听了黄莺和微风对玫瑰花的赞美后,高兴地说:"看来你的玫瑰没有白栽"。在学生整体感知、分角色表演课文内容后,我围绕鹿弟弟的话引导学生提出问题:"鹿弟弟为什么原先说,这玫瑰白栽了? 后来又说小鹿的玫瑰没有白栽?"学生在质疑问难中通过讨论,领会到小鹿栽的玫瑰给别人带去了快乐,就算自己没有欣赏到,也是值得的道理。又如人教版第三册《纸船和风筝》这篇童话故事,讲述了住在山上的松鼠和山脚下的小熊因为纸船和风筝成了好朋友。故事的动人之处在于,当松鼠和小熊因为一点小事吵了一架之后,他们又借助纸船和风筝,重归于好。纸船和风筝为松鼠和小熊架起了一座友谊的长桥。课堂中,我借助学生感兴趣的课件情境图,由浅入深,让学生观察后引导学生提出质疑:说说从图中发现了什么? 学生畅所欲言后,我再不失时机地引导学生提出问题,例如,松鼠和小熊是怎样成为好朋友的? 为什么松鼠不在纸船上放小熊喜欢吃的东西呢? 为什么小熊不在风筝上放松鼠喜欢吃的东西呢? 他们为什么要用纸船和风筝送东西? 纸船和风筝怎样使他俩成了好朋友……之后再通过学习课文,从文中进行解疑,简单的问题由学生自己解决,难的问题再由小组一起学习解决。这样不但鼓励学生从不同角度去思考问题,而且也锻炼了学生的语言和思维能力,更为学生自主学习打下了基础。

四、走出课本,将拓展延伸到课堂之外

教材只是一个点,只让学生围着教材转,封闭在课堂里学习,久而久之,学生势必对课文、对课堂失去兴趣,因为那里的一切都是预先设计的,没有意外，没有挑战，更谈不上乐趣了。这样学生不但学得有限，也不利于其自主创新能力的培养。

　　小班化教学为学生创造的是宽松的学习环境。在教学过程中若能以教材为凭借，利用教材这个"点"引导学生向课外延伸，学习寻找、收集、组织、整理材料的方法，这对学生更深入理解课文有很大帮助，无形中也积累了课外知识。如课前布置查找与课文有关的材料，可以是作者生平、写作背景，也可以是与内容有关的记载、图片等媒介，还可以是自己感兴趣或者自己独有的资料，此过程也是学生自学的过程，是学生自主探索的过程。如人教版第四册课文《我为你骄傲》主要讲述了小男孩卡沙不小心砸破了老奶奶家的玻璃，尽管他当时没敢承认，但一直内疚、担心，最后用自己送报纸攒下来的 7 美元赔给了老奶奶并附上了道歉信。而在老奶奶眼中，那不是 7 美元，而是一个孩子纯真、悔过的心，所以她把 7 美元还给了小卡沙，还写了"我为你骄傲"的便条。在教学第四段时，我引导学生自由读课文后思考：是什么事情使老奶奶写了"我为你骄傲"这句话，从而引导学生联系课文想象小卡沙便条的内容，进行说话训练。又如《恐龙的灭绝》是一篇科学知识小品文，课文着重介绍了恐龙在地球上灭绝的几种设想。但是，学生想知道的远远不止这些知识，课文中精美的插图就已经把学生带进了中生代恐龙的世界里。所以在这一课上完后，我引导学生进行多渠道调查，了解有关恐龙的生活习性、种类、灭绝原因等方面的资料，并开展了以"走进恐龙时代"为主题的综合性学习活动，让学生交流介绍关于恐龙的知识。在这样的安排下，学生必须自主地进行大量的课外阅读、积累、收集，既锻炼了自己各方面能力，又让自主学习得到了延伸。

　　总之，在语文教学中，发挥小班化优势，引导学生自主学习，就是在老师的引导下，把学习的自主权还给学生，培养他们的自主意识，给他们的自主学习创造有利条件，发挥每个人的潜能，使他们拥有更充分的学习空间，从而参与到知识的探索中去，主动获取知识。（执笔：吴建红）

第二节　小班化教学背景下教室环境的育人作用

苏霍姆林斯基曾经说："无论是种植花草树木,还是悬挂图片标语,或是利用墙报,我们都将从审美的高度深入规划,以便挖掘其潜移默化的育人功能,并最终连学校的墙壁也在说话。"教室是学生学习、生活、交际的主要场所,也是教师授业、育人的阵地。因此,班级文化建设首先要抓好教室环境的布置。而在小班化教学环境下,由于学生人数比较少,因而每个学生所拥有的空间资源相对于普通班级的学生来说就大得多,这为创设良好的小班教室环境提供了优越的条件。因此,创设一个整洁优美、舒适温馨的学习环境,充分发挥教室环境的育人功能,也成了小班化教学的追求之一。

一、"润物细无声"

教室作为一个学习场所,教育功能是班级文化的首要功能。教室环境的主要教育作用在于创造一种文化氛围感染、陶冶学生。良好的、健康的班级文化犹如"润物无声的春雨",让孩子在潜移默化中学到知识,受到教育,培养高尚的情操,促进孩子的健康发展。

首先,教室是孩子学习知识的天地。

"成长树"。教室南面窗台下是一片"小树林",每个学生都有一棵属于自己的小树,根据学生上课、写作业等情况,给予其相应的果实,根据果实的多少,定期评选"学习小能手",颁发喜报,予以鼓励,这儿自然成了孩子们播种希望的乐园。课间经常可以看到孩子们乐滋滋地数着自己"小树"上的果实,享受成功的喜悦。

"小书屋"。从学校图书室挑选适合一年级小朋友阅读的绘本和拼音读物，并鼓励孩子把自己家里的图书拿来充实图书角与同学们分享。孩子们可以自由借书翻阅，每天的午间阅读时间就是全班孩子和老师一起阅读的快乐时光，再加上"阅读之星"评比的激励，越来越多的孩子养成了良好的阅读习惯。

"黑板报"定期更换学生喜闻乐见的内容。朗朗上口的儿歌、有趣的谜语、实用的小知识和经典古诗诵读等内容让黑板报成了知识小天地，也为教室增添了浓浓的学习氛围。每一次更换黑板报内容时，我都鼓励小朋友积极参与黑板报的书写和绘画，也为孩子们提供了展示自己、发挥想象的平台。

其次，教室是孩子提升能力的乐园。

生态角。为净化教室空气，美化教室环境，我们在教室内的小柜子上养了几盆花，种了几盆小植物，再养些小金鱼、巴西龟，让学生在学习之余动动手，观察生物的生长情况，和小动物说说话，或是和同学一起分享自己的新发现，既可放松心情，又可获取相关知识，从而激发学生对自然的兴趣和热爱。

活动角。爱"玩"是孩子的天性，"玩"让孩子们感受到无穷的乐趣。开学初，学校根据一年级学生的年龄特点，为我们配置了一批智力活动器材，又发动学生自己带了各种棋类进行补充。孩子们在这里走迷宫、拼拼图、玩魔方，放松心情，学会与人相处，也可在棋类世界里寻找乐趣，提高思维能力。每天的午休时间，孩子们三个一群，五个一伙围在一起互相切磋、互相学习，既开发了智力，又增进了同学之间的友谊。

第三，教室是孩子规范行为的精神家园。

"每周之星"。为帮助孩子尽快适应小学生活，养成良好的学习和生活习惯，学会更好地约束自己，规范自己的言行，全班学生一起讨论通过了班级公约，用醒目的字体张贴在教室黑板的一侧，并经常提醒学生对照自己的言行是否符合班级公约的约定，值日班长还针对学生的表现进行评分，每周五进行评比，选出本周的"每周之星"，照片贴在"每周之星"的荣誉栏上,并颁发喜报,告知家长,予以表扬和鼓励。在"星"的召唤和激励下,同学们你追我赶,互相督促,既相互学习,又相互竞争,促进学生自觉形成良好的行为习惯。

二、"小荷才露尖尖角"

好表现是每一个孩子的天性,他们渴望被肯定,渴望得到大家的赞扬,因而小班化的教室要努力成为帮助学生学习、张扬学生个性的舞台,充分发挥小班教室的展示功能,让每一个孩子都有展现自我的机会。

"看我露一手"展现学生的风采。开辟"我是小画家""巧巧手""我们的作品"等区域,展示学生们的学习成果。因为班级学生人数少,所以每个孩子的作品都有展示的机会,努力实践小班化教学"关注每一个"的教学理念。"你的画真美!""这小制作真精巧!""你的字写得真棒!"……当看到自己的劳动成果得到他人的赞美时,孩子们就会真切地体验到成功的喜悦,自豪感油然而生,表现欲得到充分的满足。学生们在相互欣赏作品的同时,还会相互比赛,看谁的作品多,谁的作品棒。如此一来,就营造了相互竞争、积极向上的良好学习氛围。

灵动的教室。教室作为教学活动的一个重要元素,环境的布置要从孩子的发展着手,孩子们一定不会喜欢传统的、一成不变的教室,我们的教室应该是开放、灵动、有生命力的。随着四季交替,教室的布置可以随着四季的变化而变化,还可以结合各种节日,更换教室的布置:国庆节布置国旗、气球;新年临近,和孩子们一起剪窗花、贴窗花;元宵节让孩子们制作灯笼、书写灯谜,孩子们赏灯、猜灯谜;儿童节,教室则成了孩子们的游乐园。

三、"我爱我家"

优美、温馨的教室环境能很快地吸引孩子:教室的墙上有"我"的作品,有属于"我"的"小树",有存放"我"私有物品的专属小柜子,还有"我"

的同学和朋友……班级成为孩子们另一个"温暖的家"，他们会逐渐意识到"这是我的班级，我是这个班级的学生"，从而产生对班级的喜爱和归属感，这样，一个班集体的凝聚力会逐步形成。

班级荣誉栏。组织学生积极参加学校的各种活动，在一次次集体活动中学生的班级荣誉感和主人翁意识不断得到提升。同时也鼓励学生积极参加校外的各种活动。当学生获得好成绩受到嘉奖时，从孩子们喜悦、羡慕、激动的眼神中可以强烈地感受到孩子们越来越热爱自己的班级，"我以班级为荣"的集体意识逐步形成。

"我们最棒"。在当今社会，合作能力愈来愈被人们所重视，小班教学中尤其注重学生合作意识和能力的培养。"我们最棒"就是小组合作的竞赛栏，经常性地开展以小组为单位的学习、活动、竞赛，让学生在学习合作中学会知识，感受集体的智慧和力量。

总之，教室的环境布置应追求教育性、知识性、展示性于一体，把我们的小班教室建成一个"愉悦的场所"，教室的每个角落都像无声的老师，影响着孩子的学习和生活，充分发挥班级文化环境的育人功能，让每一个孩子都能在这里快乐地学习，快乐地成长。（执笔：杨益儿）

第三节　让小组合作在小班化数学课堂上闪光

合作学习作为新一轮课程改革倡导的三大学习方式之一,是有别于传统教学的关键特征。有效的合作学习,有助于学生在讨论中学会倾听、表达与交流,可以充分调动学生学习的积极性。在小班化教学背景下开展小组合作,既可以弥补教师难以面对众多有差异的学生的不足,又可以使学生大大增加在课堂上参与学习活动的机会,是一种非常有益的尝试。

一、小组合作在小班化数学教学中的重要性

小组合作学习始于 20 世纪 70 年代,由于它在改善课堂内的社会心理气氛,大面积提高学生的学习成绩,促进学生形成良好的非认知品质等方面实效显著,很快引起世界各国关注,并成为现今主流教学模式之一。就小班化教学而言,小组合作同样具有较多优势,并特别体现在以下两个方面。

1. 有助于生生之间的互动提升

小组合作学习作为一种教学模式,要求 2～6 人组成一个学习小组,小组成员一起学习,共同完成学习任务。这种学习模式一方面能够培养学生们的合作精神,增强他们之间的团队意识和集体意识;另一方面还能够帮助学生树立正确的竞争意识,提升学生的竞争能力。在小组之间,成员们互相帮助,使每一个学生得到全面发展。

【案例】

"打电话"贯穿整个数学课堂

去年我在执教五年级的一节数学活动课"打电话"中,将全班 32 人分

成 8 个四人小组。从课的一开始就以这种小组合作的方式探讨："每打一次电话需要 1 分钟,要通知 15 人,最快需要几分钟?"成员之间互相发表意见,用各自不同的方式尝试解决问题,再小组间进行交流,相互帮助,或改正或补充,最终优化提炼答案,在全班内交流。在这样的小组合作中,不但可以让每个成员都得到发表意见的机会,更可以培养他们的团队精神、竞争意识。当然也有助于客观问题的解决。

2.有助于师生之间的互动指导

因为是小班化课堂教学,小组活动可加大课堂教学的密度,仅就学生练习而言,在相同的时间内,学生在课堂上单独发言的机会与大班相比,差异显而易见。在学生参与学习活动的同时,教师的深入参与和巡视又能及时收集学生的学习情况,为下一步有目的地进行指导和点拨打下了基础。

【案例】

关注全体的数学"分类"

我校余老师在一年级"分类"这节课中,悉心全面地关注全体学生,做到了与每一个学生都有交流和互动。全班 31 个学生被分成 8 个小组,一节课中当着全班小朋友的面发言的学生就达到了 23 人次,而且每个学生都能在小组内进行交流。在教学过程中,共有 3 次小组活动,每次活动,老师都走入每一个小组,巡视并了解情况,并参与了 6 个小组的讨论,个别指导 8 人。老师根据不同的情况,几乎与每一个学生都进行了不同形式的互动,保证了每个学生都能感受到教师的教学关怀。

二、小班化小组合作的分组方式

小组合作学习首先要解决的是学生的分组问题。为了使学生能愉悦和谐又有成效地合作学习,我们必须要对全班学生进行科学合理的分组。

1. 按同质型或异质型分组

同质型分组是指将思考水平、动手能力、学习方式等方面基本相当的同学分在一组进行小组合作,这样的分组有利于小组间交流和探讨,从而相互切磋、共同提高。这种分组对于知识水平较好的小组提高更大,但对于知识水平较差的小组而言可能意义就不大。异质型分组是指在学生性别差异、问题存在差异等方面,遵循互补原则互相配对,或你教我学,或你问我答,从而使其互相学习、互相督促、共同进步。当然,小组与小组的成员可以经常互换、轮换或随机选择。这种分组有利于提高好学生的各种能力并带动差学生的进步,但差生可能产生自卑感,处于被动学习的地位。

【案例】

异质分组"认识钟表"

根据班级的实际情况,我将班里的 32 名学生按照成绩互补和性格互补的原则(异质型分组)每 4 人一个小组,共分成 8 组。在教学《钟表的认识》这一课时,我为每一小组提供了一套相同的学具和相应的记录表。这时,小组内的优等生或积极生会自动承担起引领作用,带动其他小组成员拨钟表、认时间、做笔记。思维的火花在小组内不断碰撞,优等生锻炼能力,中等生相互切磋,后进生提升学习,从而共同进步,共同成长。

2. 按对问题的不同看法来分组

数学课当中学生经常对某一个问题持不同看法,对此有两种不同的分组方法:第一种是将持同一种看法的学生分成一组,进行讨论,让他们说说想法。第二种是将持不同看法的学生分成一组,让他们相互辩论,最终一方说服另一方。其优点在于这两种分组的形式充分调动了学生的积极性,使学生有更多的机会展示自己。最大限度地把主动权还给了学生,让学生积极投入学习。其缺点在于将看法相同的学生分成一组,虽然能使学生加深讨论,但若全组看法均为错误的,继续讨论就会加深错误印象,容易形成思维定式,难以纠正。将看法不同的学生分成一组进行辩论,能使学生提高辩驳能力,知道说服别人必须有凭有据,但有时候学生辩论能力不够,往往存在随风倒的现象。

【案例】

"圆锥的认识"中的分歧

六年级下的《圆锥的认识》这一课中有一个思考:你知道将圆锥的侧面从顶点沿直线剪开后会是一个什么平面图形吗? 当我提出这个问题的时候,学生的想法出现了分歧,有部分学生认为是"三角形",有部分学生认为是"圆",也有部分学生认为是"扇形"。这时,我就立刻将持同一想法的学生分成一组,最终形成三大阵营。让他们先在组内讨论,但允许他们随时改变想法,进入其他的阵营。最后在他们亲自动手剪一剪后,全部选择了正确答案"扇形"。在这过程中有思考、有辩论,任何学生都有机会选择和发表意见。对于高年段学生来说,可以理性地分析,有凭有据地辩驳,让知识的获得变得更主动。

3.临时建立流动小组

在小组合作时,往往有一小部分学生无法融入自己的小组,学习会出现困难。老师就要关注这些孩子,把他们叫到身边和老师组成一个流动小组。这种小组往往是不固定的,有时是这几个,有时是另外几个,有时人多,有时人少。流动小组的建立有利于进行分层教学,个别辅导,因材施教。

【案例】

我的"雏鹰小分队"

在进入高年段后,我的班内经常会有这样一个小组,在一个单元或一个学期快结束的时候,对知识的掌握有困难的学生,或五六人,或二三人,组成一个临时小组,我特意将之命名为"雏鹰小分队",小分队内也有队长。每天不固定的指导补差,小分队的任务和作业由队长负责组织与收发。这支小分队非常团结,因为队员的层次差异不大,在队内的学习变得更积极和认真,甚至可以互动帮助,从而找到学习信心,提升学习动力。

三、小班化小组合作中的辅导与策略

在几乎所有的公开课上,都能见到小组合作的学习方式。这说明教师们已经有意识地将这种形式引入到课堂中来。但是,仔细观察,多数讨论仅仅停留在形式上。老师宣布讨论的时候,成绩好的学生会和小组的同学说自己的想法,成绩差的学生只是听其他成员交流,自己不说话,甚至说空话。反馈的时候,依旧是会讲的学生说"我怎么想""我觉得应该如何",关注的仍然是"我",而不是"我们小组"。专家指出:小组合作学习的基本要素是通过相互依靠,感受与他人的联系,真诚地帮助和鼓励他人,提供自己的智慧帮助小组成员,对成员完成的任务进行加工和评估,并思考如何使小组成员们更有效地共同学习,完成学习任务。

那么如何进行有效的小组合作学习,培养小组成员的合作能力呢?我认为有 4 点。

1. 明确小组里每个成员的任务,合理分配工作

教师要帮助小组中的每个成员明确其在小组中的地位和作用,使小组成员全部参与到学习活动中来。这里"小组长"的作用非常大,教师只有首先培养组长的组织管理能力,才能让小组中的合作交流变得有序有效。在一个阶段里每人都应有一项责任,担任一定的具体的合作角色,如小组合作的组织人(小组长)、记录员、资料员、首席发言人、第二发言人,甚至是专提反对意见的"反对人",一定时间后,角色互换,使每个成员都能在不同的位置上得到体验、锻炼和提高。

【案例】

五年级下册《大数目的估算》片段

教师出示一袋黄豆:请你们猜一猜,这里一共有多少颗黄豆?（学生猜了不少答案）

有什么办法可得出与实际差距较小的答案?

当学生针对教师的问题陷入了沉思时,教师及时提出了要求:

首先请各小组商量一下,准备采用什么方法来估计出这袋黄豆的总颗数;第二,根据商定的方法,对组内的同学进行分工,要求分工明确,并且要求大家短期高效完成任务,汇报时必须说出解决问题的办法、结果及感受。

教师提供的材料有:黄豆、电子秤、勺子、杯盖、空盒子、1平方分米的纸、1立方厘米的盒子、1立方分米的盒子。

已分的四人小组马上按教师的要求,分工开始行动。

学生小组合作时,教师巡回观察。

由于小组成员各有其职,职责分明,全面互助,学生在此"规则"的指引下,有"法"可依,有事可做,每位学生都主动投入,从而促使小组合作学习按预期目标顺利开展,大家彼此交流、互动,积极承担责任,共同完成任务,也使教师的教学能够面向每一位学生。

2.把握小组合作的时机,适时组织小组讨论

教学中,教师满足了学生的心理需求,他们就会产生浓厚的学习兴趣。所以,当学生好奇、疑惑、产生分歧时,就是小组合作学习的最佳时机。

【案例】

"还剩几个玉米"的辩论

在教学"乘加乘减"一课时,我先呈现给学生"小熊掰棒子"一图,让学

生独立解决"还剩几个玉米"这一问题,出现了几种做法:①$3\times3+2=11$②$4\times3-1=11$③$3+3+3+2=11$。这时我引导学生在小组内展开讨论:三种都对,哪种方法比较好呢? 有的小组认为:第一种方法好,这样做不易出错,而第三种比较麻烦,学习乘法就不必用加法了,有的小组认为:第二种方法好,因为原有$4\times3=12$个,掰走1个,比较好理解,有的认为:第三种好,求剩下的有几个,要一个一个地加起来。这时其他小组也加入辩论的队伍中,争论相当激烈。我想,到底哪种方法更好可能会因人而异,这不是问题的关键,重要的是学生在激烈的讨论中,不仅掌握了乘加乘减的计算方法,还发散了思维。

3.确定小组合作的内容,保证小组合作的时间

选择恰当的教学内容进行小组讨论合作学习是很重要的,要选择有价值的内容进行小组讨论和学习,不能泛泛进行。在合作学习中,应给予所有学生足够的思考、合作时间,重视生生互动,使他们有机会相互切磋、共同提高。

【案例】

把充分的小组合作时间让给学生

在教学"20以内的退位减法"时,当学生经过思考列出算式"$15-9=$"时,由于学生是初次接触到退位减法,如何正确地计算及掌握正确的方法就成了这节课的重点难点。为此,我把怎么样进行计算作为学生小组合作的内容安排如下:"$15-9=$"小朋友自己先想一想,然后进行小组合作,大家讨论一下我们该怎么样进行计算,也可以说说自己的方法,并说一说你是怎样想的。学生进行了小组合作学习。学生知道他们要干什么,学生的兴趣就很高,在经过了自己的思考后,在小组中进行了一系列的讨论,他们得出了很多的方法,当然时间也花费了很多,但在小组进行汇报时,学生畅所欲言,说了很多的算法和想法,一下子就掌握了原理,取得了事半功倍的效果。其实,小组合作到底花多少时间为宜呢? 试想,如果一

节课都让学生在小组内合作交流,又有何妨? 下节课再整理归纳就是了!
打破知识的分割,建立一种大的课程观和教学观,我们完全可以在课堂内
探索更多的合作与交流形式。

4. 发挥小组评价作用,强化合作意识

既然分了小组,进行了小组合作学习,那对于学生的评价也应该以小
组为基本单位,使学生形成"组荣我荣,组耻我耻"的观念,以提高小组的
凝聚力,强化小组成员间的交流、合作,促进小组成员的共同进步。学生
反馈的语言是"我们组是这样想的……"教师评价的语言也应该是"你们
小组的想法真不错""其他小组的意见呢""这个小组的表现非常出色"等。
我们还应该倡导小组自评和组间互评相结合,既自我分析总结又取长补
短,相互促进。在教学中可以经常评比最佳小组,使小组内形成互动、互
助、互勉、互进的局面,强化学生的合作意识,全面提升学生的整体素质。
这样,小组合作学习才可能真正发挥作用,收到良好的效果。

【案例】

有效评价在小组合作中的激励作用

在学习完"简便计算"这一内容后,我尝试组织了一次以小组为单位
的练习竞赛。小组成员按异质形式进行分组,均衡实力。我实行小组加
分制的方法,正确分 1 分,简算分 2 分,若全组成员都能正确简算,再额外
加 3 分,最终评比出"最佳简算组",全组每人奖励免做卡一张。这样的评
价方式不仅加强了组内合作,强化了成员间勉励共进的意识,还促使全体
参与,形成"为组争光"的强大动力和使命感,提高了小组凝聚力。原本枯
燥乏味的计算练习,在这样的激励评价中变得积极、有趣,学生们在下课
后都纷纷表示还要再进行这样的比赛。可见,若能充分发挥小组评价的
作用,小组合作学习就会变得积极有效。

实践证明,小班化教学中,小组合作学习的方式能促进大家共同努
力,共享成功的喜悦。学生的学习应该是全方位的,学习不仅指知识的获

得,更重要的是在学会共同探究知识的过程中培养合作能力。在小组群体活动的互动中,优等生的才能得以施展,中等生得到锻炼,后进生得到帮助。这样可以发挥学生间的互补作用,发展合作、交往的能力,为学生的健康成长提供一块沃土,因此我将继续努力培养学生在小组合作学习中的能力,让小组合作模式在小班化数学课堂中闪光!(执笔:金颖)

第四节　"小黑板"中的"大文章"

"小黑板",顾名思义就是一块小小的黑板,长约四十厘米,宽约三十厘米,一般为家长所喜欢,放在家里让孩子写写字,练练题,充当着教室里大黑板的角色。如今它走进我们的小班化教室,被孩子们拿在了手里。孩子们在学习课文之后用它来出语文练习题,以达到相互检测、巩固知识的目的。用小黑板出题的方式给我们的课堂增添了一抹亮色,也给孩子们的学习带来了别样的乐趣。

三年级的孩子已经有了一定的知识基础,掌握了一定的学习方法。这时他们开始接触到了小黑板,但是,突然间要让他们出题,孩子们会觉得无所适从,不知在小黑板上如何入手。我就手把手地教他们,进行了积极的尝试和实践。

一、耐心引导,教孩子学习出题

我首先教孩子们的是,出什么样的题。学习了一课的生字后,让他们说说,哪些生字的读音易错,哪些生字的字形比较难记,哪些生字的笔画容易颠倒;比如学了一篇课文,哪些段落是重点,哪些词语是关键——这些重点、难点、易错的部分就可以作为出题的内容。经过一段时间的练习,孩子们在小黑板上出的题已经有模有样了,有看拼音写词语的,有要求写出生字的音节和部首的,有按课文内容填空的,有句式练习的,有造句的。这些练习题既有对课文中字词句的考查,也有对课文内容的检验。他们出的题精彩纷呈,让人感叹孩子的学习能力不容小觑。

二、提供机会,让孩子展示"作品"

小黑板刚开始大多用在复习巩固之中。我在讲完一篇课文之后,总是抽出一定时间让孩子们将学过的课文进行复习整理,以小组为单位讨论学习中的重难点在哪里,再在一块小黑板上出题。到后来,孩子们学会了预习课文,我就让他们把预习过程中觉得是课文中重点难点的内容也写在小黑板上。由于每个小组着眼点不同,出的题也就不同。我事先去每个小组进行了解,根据教学的实际要求,将事先挑选出来的小黑板放在黑板前由小组派代表上台读题,让全班学生做做其中的题目。题目出自孩子们自己之手,这激发了他们强烈的兴趣,上课更加积极主动了。

三、激励并进,促孩子追求质量

经过一段时间的出题练习,孩子们对出题的新鲜感逐渐淡去,热情也慢慢褪去,很多时候,出的题大同小异,在小黑板上看不到思维碰撞的火花。这时我规定,哪个组出的题有思考性,有新意,一旦在课堂上被录用,那么那个小组的每一个同学都可以得到小奖票。要知道这些小奖票在期末的时候是可以兑换大奖的。如此,学生的积极性又进一步地被调动起来了,当小黑板一块块展示出来时,能回答的同学洋洋得意,答错了则出题的同学得意扬扬。而正是这样的练习,有效地巩固了课堂知识,使学生学得牢固。而有的孩子将在课外学到的相关知识内容也加入了小黑板中。这种新鲜的方式,一石激起千层浪,引导孩子们从课内走向了课外,走向了更广阔的知识海洋。

开展了一段时间的小黑板出题活动,我发现班级学生在悄悄地发生着变化。

首先,课堂上学生的听讲更加主动,知识的掌握更加牢固。小学阶段的孩子,特别是低年段的孩子,因为自身的年龄特点,往往会出现上课注意力不集中、思想开小差等的现象,导致课堂知识不能及时掌握和巩固。但让他们在小黑板上出题后,孩子们想着出的题要难倒别人,听讲就明显地比以往专注,而且特别关注我在课堂上比较强调的、具有一定难度的知识点,如难写的字的笔顺、易写错的词语、课文段落中的关键词语等。这样,在小黑板上出题的过程,无疑成了同学们共同学习、复习知识的过程,从而带动了全班同学上课的积极性和掌握知识的牢固性。而出自孩子们自己之手的练习题,也让我了解了孩子们到底掌握了哪些知识,哪些知识还有欠缺,或者我认为重要的他们却没涉及的,再相继加以巩固。

其次,小组中学生的合作更加明显,同学的关系更加紧密。一开始,学生出题是由小组长执笔的,没过几次,不出题的同学就有了事不关己的感觉,开始不关心题目出得好不好。小组长在小黑板上写字时,不出题的同学就在一边玩自己的。看到这种情景我就规定,出题一定要大家一起参与,每个小组的同学都要发表意见,发挥小组同学的集体智慧,让题目出得有质量。同时,我又规定,小组同学把题目商量好以后,要轮流到小黑板上写字,不能只有字写得好的小朋友才有资格在小黑板上写字。一个同学写字,其他同学要给他看看,字是不是写端正了,题目的位置是不是合理。只有经过小组成员的共同努力,小黑板才能被录用。孩子们个个都有表现的欲望,也有在黑板上写字的这种新奇感。于是,今天轮到一个孩子写字,小组同学在一旁出谋划策,明天轮到另一个孩子出题,其他同学也为他出主意。大家都希望自己小组的这块黑板能被老师录用,好让自己写的字、出的题被全班同学欣赏。结果是孩子们出题的质量越来越高,字也写得越来越好。这样,小组同学之间形成了良好的互动关系,小组合作精神更为浓烈。

第三,学生的素质得到了提高,集体的氛围更加积极向上。因为出题让一些原来在学习上的佼佼者,以及那些成绩比较落后的学生都有机会上台来当小老师让其他同学答题。这样,一些原来总是不敢在课堂上表现的孩子,由于这样一次次的机会,在课堂上表现的胆量就越来越大,自信心越来越强,进步也越来越明显。

经过一段时间的运用,我深深感到,方寸之地,大有文章。虽然小黑板的使用时间不长,但我相信,只要自己勇于实践,不断探索,一定会在这小小的方寸之地上有更多的发现,让这小小的黑板为孩子们的学习助上一臂之力。(执笔:傅阳暖)

第四篇　课堂之思：

走向"智慧教室"

第一章　"智慧教室"让课堂智慧起来

第一节　走近"智慧教室"

从当前教育的发展来看,科技推动教育教学的发展,这是一个不可逆的潮流。它必定会不断加速地进入到我们的学校、我们的课堂、我们的教育教学活动当中。而很多传统的课堂、传统的教与学已经不断地暴露出一些问题,如教学手段、操作流程、固有模式等,越来越遭人诟病。虽然这些问题在不断地被暴露出来,但是老师们或无动于衷,或束手无策,问题依旧是问题,多年以来一直没有好的解决办法。

随着社会经济的不断发展,科技开始加速应用到教育当中来,它开始不断丰富我们的课堂教学,解决老师、学生在传统教与学中遇到的一些问题。科技辅助教学的手段、方式不断更新,为我们当前的学校教育或者说课堂教学改革带来了一线曙光。"智慧教室"系统正是在这样的背景下应运而生,它其实就是用科技的手段帮助老师更好地呈现所要教学的内容,更好地与学生进行互动,更好地体现课堂的主体——学生,从而改变传统多媒体环境下的教与学的方式。此外它还可以利用大数据处理技术,帮助教师解决一些教学后数据分析、统计分类等方面的诊断工作,那是日常中教师需要花费巨大精力才能生成的数据材料。例如,对学生课堂学习效果的数据采集、分析、统计。一节课下来数据量庞大,计算机能轻易完成,但是老师可能要花很长时间,有的限于专业理论程度甚至还没有能力对计算出来的结果变量进行解读和数据关系的分析。"智慧教室"系统就可以替代老师完成这项工作,帮助统计、分析教与学问题,通过系统的诊断,帮助教师为下阶段的教学提供参考数据。老师拿着诊断报告就可以调整自己的教学计划,设计个性化的教学方案。

在宁波市教育局积极倡导智慧教育的大背景下,江北区积极规划方案,并将它作为走向教育现代化的重要工程之一,2011 年 8 月 10 日至 14 日,以台北市教育局谢丽华科长为团长的台北教育参访团一行 12 人访问江北区,与江北区教育界的领导及教师学生们开展了为期五天的"两岸同上一堂课"——台北宁波师生交流活动,也是在那个时候"智慧教室"系统第一次来到了江北区,来到了我们的课堂中。而广厦小学正是抓住了江北区发展智慧教育的契机,积极申报、参与"智慧教室"研究与实践,从而引进了"智慧教室"系统,并在这一领域做了大量的工作。

初次感受"智慧教室"系统,很多人都觉得这无非是比我们现在的多媒体设备更先进点罢了,"智慧教室"就是"高科技教室"。宁波市 2011 年颁布的《宁波市中长期教育改革和发展规划》中提到:打造宁波智慧教育升级版,通过建设智慧教育公共服务平台、推进智慧校园标准化建设、促进"互联网+学科"的融合等,把教育信息化作为未来十年宁波市教育工作的重中之重。力求通过智慧教育来推动整个宁波市教育的升级和发展。虽然我们传统的课堂也不乏智慧的光芒,但是此智慧非彼智慧,教师与学生在课堂中的智慧闪烁、碰撞、生成、发展,在"智慧教室"系统运作下的课堂中依然存在,只是以科技手段辅助教学手段、教学方式、教学流程、教学评价、教学分析等是传统多媒体教学无法比拟的。"智慧教室"系统不是冷冰冰的一些机器、设备的简单堆积,而是在科技设备、智能软件系统、云计算的共同协作下为教师的教和学生的学提供全面服务,通过运用"智慧教室"系统的教学、评价、诊断、补救功能,能让老师的教更有智慧,更有针对性,更有效率,能让学生的学习更主动、有效。课堂不再是一言堂,不再是单向的传授与被动的吸收,而是双向互动、生动精彩的动态生成过程。

因此,整合人与科技的"智慧教室"远比传统教学意义中的智慧教室要更进一层。以往主导课堂的是教师,操控一些所谓的信息化设备的也是教师。例如,20世纪90年代课堂教学广泛使用的投影仪,那时候这个投影播不播放,什么时候播放,放什么内容,主要是由教师来决定,学生只是参与者,或者说只是信息化产品的受众对象。而如今我们接触到的这个"智慧教室"系统互动性明显增强,不仅教师是课堂教学中信息化设备的操控者、参与者,学生也是这套系统的操控者、参与者。课堂上学生的主体地位得到了充分的显现,课堂成了学生的世界,他们不再作为旁观者,而是以一种积极、主动的状态存在于课堂中。

"智慧教室"系统的科技应用不仅仅只是解决让老师教得形象、生动的问题,而是面向全体,涉及教学各个领域,体现以生为本的智慧科技系统,它包含四大板块,分别是课堂教学、学习诊断、学习补救、学习评量。优秀的科技教学辅助手段不仅仅只考虑教师教的问题,更多地关注了学生的学。"智慧教室"科技的应用,既要解决好教师的有效教学,也要确保学生学习的高效率。如今一线教师普遍使用的还是多媒体设备,长焦投影机和幕布,外加多媒体计算机和视频展台。随着社会经济的不断发展,教育投入的不断增加,多媒体信息化辅助教学开始普及到所有的学校、班级。科技辅助手段的变化势必影响教育,从而引起课堂教学的变革,网络运用、Microsoft PowerPoint、Word、Excel 的应用成为现代教师的标配,而课堂教学应用最广的 Microsoft PowerPoint 的出现,让很多老师开始重新定位课堂,思考如何教与学的问题,也正是因为有了老师们的主动实践、思考,课堂教学才焕发出了无穷的魅力。传统教具不用拿出来呈现,标准宋体字醒目地提示着学习的重难点,影视、图片、声音、动画让课堂变得生动至极。但是 Microsoft PowerPoint 在播放完后能给当天参与课堂学习的每个学生生成一份学习情况报告吗？能把当天的课堂学习内容录屏发送给学生温习吗？能让老师准确把握一堂课中学生知识点的掌握情况吗？这是它无法做到的。因为 Microsoft PowerPoint 无法做到评量，无法做到诊断，更无法让老师在课后去了解课堂，它的图文、动画、声音都是教师课前预设好的，必须按照事先的方案进行展示、教学，无法有效地根据课堂生成，无法根据学情变化进行灵动的变化，多媒体辅助教学手段仅仅能让课堂生动起来，但缺少互动性。而我们现在使用的"智慧教室"系统，不仅可以继续通过师生情感、思维、语言的交互实现互动，还可以借助电子白板、IRS 遥控器互动功能和软件系统的教学、诊断、评量、补救，让教学变得生动、主动、互动，精致、精确、精进。

　　智慧科技在帮助改变课堂教学效率的同时开始更多地关注学生，关注学习，关注过程，关注学生成长中的点点滴滴。

　　当时广厦小学引进了三个"TEAM MODEL 智慧教室"，教育局为我们添置了所有的硬件、台湾网奕资讯公司提供了整套软件供我们进行实验，一年后还给我们提供了电子书包软件、云平台账号等。整个"智慧教室"系统在硬件的辅助下，可以帮助师生实现教学、评量、诊断、补救四个主要的功能。所以从设计角度看，"智慧教室"系统其实是将教学环境提升为每一位学生都有学习展具，并且实现四个功能最优化的过程，在这么一个"科技辅助的智慧教学"环境中，不仅可以让老师高效地教，还可以让每一个孩子在课堂上获得最优发展。

　　"让每一个孩子获得最优发展"是广厦小学的办学理念，也是我们终身追求的教育理想，关注每一个的最优发展，不仅需要了解孩子的性向，还需要关注孩子在学校教育中的每一个变化细节，而课堂就是一个至关重要的场所，学校教育离不开课堂，孩子综合素养的养成同样离不开课堂。关注每一孩子的最优发展，就必须了解每一个孩子已有的学习基础，以及在课堂当中的习得情况。这句话说起来容易，做起来难，在传统课堂教学中教师是很难实现的，所以"两头尖"现象过早地出现在小学低年段，有些孩子过早被老师贴上"不适合学习""差生"的标签。如今,老师可以通过这套"智慧教室"系统与学生进行互动,通过人手一个 IRS 遥控器进行及时反馈,老师可以随时掌握每一个学生参与学习的情况,这就方便了老师分析了解学生,随时调整教学来进行针对性的补救教学,这才是真正的"让每一个孩子获得最优发展"。也正是因为它对师生的教与学非常有用,才让我看到了这套系统的潜力。

我们知道"个性化学习"是指以反映学生个性差异为基础,以促进学生个性发展为目标的学习范式。它通过对每一个学生的全方位评价,发现和解决学生学习中所存在的相关问题,然后为每一个学生定制不同于别人的学习策略和学习目标,让他们的学习更加的高效。由于每一个孩子无论是先天基因还是后天环境、学前教育都不尽相同,所以对老师来讲每一个学生都是独一无二的生命体,每一个孩子都拥有自己的潜能和禀赋、兴趣和特长,当然也存在着不同于别人的弱点。这些都是影响学生最优发展的重要因素,所以智慧教学的目的就是帮助小班化教学把因材施教做得更加到位、彻底。

如"智慧教室"系统的及时反馈、教学评量等,都是为了帮助老师较为全面地了解每一个学生的禀赋、学习性向和思维发展情况等,如果你不知道这些,"因材施教""个性化学习"就无从谈起。如"个性化的作业布置"就是要基于学生在课堂上的学习接受情况、思维发展水平等,才能给每一个学生布置只属于他的"唯一"的作业。这才是理想的学习和教育!

传统学校教育教学中因为老师的工作量都很大,除了上课还要备课、改作业、带班,甚至处理各种学生间、家校间的事务,往往没法精确衡量到底做了多少工作,而研究中人工采集的大量数据,只有通过整理分析,通过科学计算、对照才能对研究成果有所窥探,既费时又费力,很多老师都不愿意做。但现在"智慧教室"系统可以帮助一线老师完成这方面的工作,不仅减轻了教师的工作量,还得到了更为科学、全面的结果,这样老师的课堂教学、作业布置、培优补差等就都成了高效之举。

第二节 "智慧教室"在广厦

信息技术的不断推广应用,从工业角度来看是发展迅猛、非常繁荣的,但是从基础教育角度来看,却截然相反。市场上电子书包、电子白板、互动教学系统等都已经相当成熟,但在学校教育领域还是鲜有人试水。当然这一方面是市场对信息化辅助教学设备和软件的宣传推广力度不够,但另一方面同政府对教育投入程度密切相关。广厦小学在智慧教育兴起,政府对教育投入不断加大的今天,在信息技术辅助教学设备和软件繁荣异常的时候,选择"智慧教室"系统而不选择别的信息辅助设备和软件,是有原因的。

2011年5月7日到17日,江北区组织了首批校长台北教育参访团,经过层层选拔,我作为参访团成员之一经历了这次难忘的台北学习之旅。这次学习考察相比原计划缩短了很多,但是也有十天,整个日程排得很满,基本上每天都要到一至两个学校去参访。每天早上七点多起床吃饭,八点钟就要坐车去学校考察。一天里都在学校听课、交流、观摩,晚上回去还要及时写好一天的参访体会与收获,有时还要小组讨论拟定第二天的参访重点。

正是在这十天参访时间里面,我接触到了台湾的"智慧教室"系统,感受到了IRS遥控器的神奇所在。其实出发前我是有认真准备的:从网上阅读了多篇介绍台湾教育的文章和报告,同时针对学校办学需求和管理困惑,整理了几个问题,以备参访的时候能解决这些问题与困惑。记得当时有这样一个问题:如何有效地开展小班化教育。2011年初,广厦小学已经在着手准备积极推进小班化教育这项工作,当时江北区作为浙江省在宁波的两个小班化试点区之一,正在考虑找几所学校实验小班化教育项目。教育局副局长马利民也专门到学校来调研，从学校的"被小班"现状剖析如何转变观念，将小班变成改革的优势，鼓励我们积极响应省教育厅的号召开展小班化教育实践，走出一条属于广厦特色的品牌之路。那时的广厦小学平均班额 32 个学生，多年来受到"被小班"条件的制约，一直难以形成办学特色，学校行政班子获悉区里的动向后，暗暗决定要积极争取试点项目，借"被小班"的现实开展小班化教学实验。台湾的小班化教育已经推行多年，台湾学校的小班化教育如何在做，做得怎么样，理所当然成为我那次出访最期待的学习内容之一。

　　到台北的第二天，我们一行参访了台北敦化小学，听完吴慧琳校长对学校的介绍，我们又分组深入课堂听了两节基于"智慧教室"系统的课，发现了很多令人耳目一新的内容。中午，吴校长专门安排了学校"智慧教室"系统供应商——台北网奕资讯公司的一位专家过来给我们介绍"智慧教室"系统，我们发现这套系统的设备和软件的构成中，关键的是互动式的电子白板、短焦投影、IRS 遥控器、实物提示机、Hi-teach 软件，硬件提供教学辅助，软件提供教学支撑。如实物提示机，学校原来使用的多媒体系统配备有一个实物投影仪，课堂上老师的讲义、练习放在上面，通过系统投到幕布上，只能简单地对焦调光，不能一次性多次投射不同内容，功能相对比较简单。而现在使用的实物提示机，相当于一个大型的数码照相机，随拍随取，相当方便。它通过"智慧教室"系统的处理，可以连续提取不同材料到电子白板上，便于师生进行分类、比较，操作更加便利，更能满足课堂教学的需要。此外，我们也向专家具体询问了这套系统的设计理念、教学应用等问题。通过这次报告和交流，我们才对这套系统有了初步的了解，心中的疑惑也一一解答。接下来几天我们在其他学校参访时也听了不少基于"智慧教室"系统的课，台湾的许多教师都能在课堂上熟练地运用"智慧教室"系统进行教学。小班化课堂教学生动、互动、主动，每一个学生都是课堂的主人、学习的主人。这更坚定了我对"智慧教室"系统的认同，它的确比我们学校在用的多媒体辅助教学先进多了。由于我是语文教师,也一直在语文教学一线,日常课堂教学中也会经常使用多媒体辅助教学,因此深知多媒体辅助下的课堂教学会有一些什么问题,所以到台北学校的课堂一看、一比,就找到了差异。当时我就期待在我们的课堂中也能尽快用上这样的系统,这样小班化课堂教学中遇到的问题就可以迎刃而解!

参访回来后,我们专题向教育局、区领导汇报了考察学习的收获,团长崔丽霞当时就提出,希望能够引进一套"智慧教室"系统。区里和教育局领导非常重视,通过多方协调,终于在 2011 年 8 月 10 日把台湾的一些校长、专家,以及"智慧教室"系统方面的专家——台北市教育大学吴权威教授请过来,举办了一个"两岸同上一堂课"教学研讨活动,这次活动既有两岸中小学在教学层面上的互动与交流,也有"智慧教室"系统下高效课堂教学的展示与分享。通过这次活动,一线老师都看到了"智慧教室"系统的神奇之处,大家对更新现有多媒体设备换用"智慧教室"系统充满了期待。"两岸同上一堂课"活动的成功举办,为下阶段"智慧教室"系统的引进和实验研究奠定了基础。很快第一批"智慧教室"试点学校确定了,江北教育开启了由多媒体时代迈向智慧教育时代的大门,这是一次根本性的转变,打开了江北区智慧教室、智慧校园、智慧教育快速发展的通道。

2012 年初广厦小学也加入了智慧教室、智慧教学实践研究的行列:智慧教室系统进入广厦小学。它主要包括:Hi-teach 桌面系统,IRS 遥控器、实物提示机、互动式电子白板。一开始由于配备的数量不多,学校通过筛选,同时兼顾学科均衡性,组织了 10 位种子老师组成"智慧教室"研究团队先行实验。

因为有台北学校听课、观摩、报告的学习经历,加上我对信息化辅助教学有种特别的感情,所以在学校里推进"智慧教室"系统的力度也比较大:要求一周会用,一个月后会上示范课。种子教师们经常工作到很晚,他们会为了某个环节的有效使用而反复实践,为问题的设计而几易其稿。一开始"智慧教室"系统的兼容性问题耗费了我们很多的精力,但我们的团队并没有因此放弃系统与教学的有效整合、"模式"提炼。

　　我在台湾参访的学习经历使我一时也成了"智慧教室"系统最早的培训师,我也经常深入种子教师们的课堂,与他们一起听课、评课、磨课,一起设计环节,提炼"模式",学校也开启绿色通道并为研究提供一切人力、物力、财力的保障,创造条件让"智慧教室"研究团队不断地成长。我相信,只要老师们有教育情怀,那么我对课堂教学的改革期待和对智慧教育的激情肯定会感染一批老师,特别是想在信息技术整合课堂教学这一块有所作为的老师。正因为广厦小学有一批敬业爱岗、追求教育理想的老师,在大家齐心协力、共同实践研究下,一年来"智慧教室"与课堂教学整合研究反而比区内第一批试点的其他学校发展更快,成果更多。2013 年3 月,学校在"智慧教室"基础上开发提炼了八个智慧课堂教学模式,多项智慧教学成果在区智慧教师比赛中均取得了优异的成绩。2013 年 10 月,台湾科技领导与教学科技发展协会在台北召开了 "2013 全球科技领导与教学科技高峰论坛暨第二届两岸教育竞争力论坛",我和惠贞书院小学部的崔丽霞校长作为第一批科技领导卓越奖获奖者到台湾去交流发言。这几年不管科技教学系统如何令人眼花缭乱,学校教育教学改革任务多么繁重,学校的"智慧教室"研究团队一直在坚持、努力,每学期向外展示开课、培训跟进,从 Hi-teach 系统到电子书包系统,从 IES 云空间到 TBL 团队合作学习系统,老师们就在这种互相研讨、培训、交流中,不断发展提升。

　　我们一直在思考广厦小学如何在原有的基础上获得快速的、优质的发展。2010 年 10 月我接手了学校,并和团队一起探索如何尽快地,有效地落实"让每一个孩子获得最优发展"的办学理念,我们急需在教育竞争日趋激烈的年代,把握机会,找到属于自己的增长点。而当时的状况就是:这是一所安置小区配套学校,地处城郊接合部,周边既没有文化资源,也没有繁华商业广场和像样的住宅小区,学生中有 70%以上是非地段生,超过 50%属于省外务工人员子女。然而学校绿树成荫,结构合理,辅助教室丰富,有一批勤奋踏实、富有责任心的好老师,他们平均年龄33岁,中级以上职称占总人数的50%以上。但由于多种原因,学校特色教育匮乏,只是当时区内一所普通的城区完小。在这样一所学校里,要不断探索和践行"让每一个孩子获得最优发展"的办学理想,我们还可以从哪里进行发展呢?哪一块或者哪一个领域要深推?要做强?

"思考—学习—行动—再思考",我正是在这样一种螺旋式结构模式下去考虑学校的发展愿景。通过查阅相关的资料,阅读许多教育管理类书籍,重新剖析前几年学习考察过的市内外名校,我发现,广厦小学除了做社团、做小班,还可以做智慧教育。因为凭学校当时的办学成果和师生素养,无论在学科领域,还是在校园文化、艺术领域等,我们都无法和一些中心学校、实验学校比,如果我把这些项目作为学校的重点工作,去践行"让每一个孩子获得最优发展"的办学理念,可能很难追上区内的这些重点校。但是,就像做小班化教学一样,当大家都没有很多现成的经验,广厦小学尝试做小班化教学,这个时候我们和别人是同在一条起跑线上的。而智慧教育更是如此,在江北区,乃至市内、省内,去尝鲜的学校并不多。虽然宁波市有一些对信息技术敏感的重点学校已经在参与"微软的一对一教学""电子书包教学"等,但深入的不多,推广的则更少。所以广厦小学参与智慧教育实践,引进"智慧教室"系统,相对市、区多数的学校来讲,还是领先的。即使他们也做智慧教学,起码大家是公平竞争,都是从零开始去探索与实践。

记得初到广厦小学的时候我就和老师们说好了,大家一起努力奋斗,积极践行"让每一个孩子获得最优发展"的办学理念,通过努力要把我们广厦小学打造成区内的品质学校,而这必须要有很好的发展项目。"智慧教室"系统就是借着智慧教育的翅膀来到了广厦,走进了我们的课堂。2012年初智慧教育扎根学校,同年9月份全面实施,几年下来我们就已经硕果累累,无论学校、老师、学生都在智慧教育中受益匪浅。2014年10月,"智慧教育,两岸同心"第三届两岸教育竞争力论坛在宁波市江北区隆

重举行，大会在主会场外还设了四个分会场进行教学展示、交流和智慧经
验分享，其中一个分会场就设在广厦小学，当时来自全国各地 200 多名教
师一起观摩分享了广厦小学的智慧教育研究成果。这样的活动对广厦小
学的学生、老师，以及学校来说，甚至对学校的家长和周边的社区来讲，都
是前所未有、非常光荣的一件事情。

　　"智慧教室"实验班的种子教师实践研究的过程很辛苦。因为老师这
个职业群体是最怕改变的，多年的学习与实践会让老师们拥有一套习以
为常的所谓的个性化教学流程和工作节奏，特别是对于信息技术辅助教
学：好不容易微软 PPT 制作、播放在已有的课堂上用得已经很顺手，而且
课程资源丰富。突然有一套新的科技辅助设备要去了解、运用，关键还要
老师去改变传统的课堂教学流程和理念。对很多中老年教师来说，改变
就是意味着自我否定，意味着要破茧而出，这是很困难、很痛苦的过程。
但是我和老师们看到，教育改革的步伐不会停止，只会加速，现代学校注
定要发展，而教师自己更要发展，这样才能适应改革的浪潮。智慧教育是
现代教育发展的方向和必然趋势，现在抵触、逃避，以后还是要接触的，与
其这样不如早点接触，越晚接触教师越被动，"落后就要挨打"，这道理老
师们还是懂的。所以年轻老师一进来，学校就鼓励他们要勇于创新、改
革，敢于实践研究，并将这套"智慧教室"系统、设备交给他们，让他们以最
快的时间学习、了解，然后在他们自己的课堂当中去实践、研究。

　　谈"智慧教室"、智慧教学肯定离不开学校正在实践的小班化教学。
长期的课堂教学实践加上这几年的小班化教学研究，让我对传统课堂教
学的弊端及瓶颈有了较深刻的了解，也一直在探寻一些合适的途径和方
式。一次偶然的机会我进入到台湾语文课堂，聆听了两堂精彩的"智慧教
室"系统课，感到印象深刻。以台北市敦化小学詹老师的语文课"流行歌
曲中的修辞"为例：上课的教室配有"智慧教室"设备，电子白板、短焦投影
仪、实物提示机，每个学生胸口挂着一个黑色 IRS 遥控器。由于课前听过
关于"智慧教室"系统的介绍，所以对系统有初步的了解，但是具体在课堂

中如何辅助教学,因材施教发挥"智慧"性我不是很了解。

詹老师的课,开门见山,直奔主题,让同学们在欣赏流行歌曲的同时,用手中的遥控器判断歌曲中使用了什么修辞。第一首是刘德华的《爱你一万年》,音乐响起,运用修辞的歌词也随之出现,歌词下面有两项选择:这里使用了:1.转化;2.夸张。学生听完歌曲片段纷纷拿起遥控器按下自己心中的答案。结果以柱状图的形式出现在白板上,正确率、错误率、人数一清二楚,这一题全班学生都答对了:夸张。詹老师热情地表扬了大家,然后请学生回答夸张的概念和作用,接着又从日常的文学作品中选取了两个句子强化学生对夸张的认识。接下来随着一首首流行歌曲的播放,詹老师引导着学生强化对修辞的学习。《城里的月光》《童年》《爱情36计》……学生用遥控器不断地与老师进行互动着:转化、设问、比拟、譬喻……就这样在风格不同的流行歌曲中,学生练习和强化着对修辞的认识。一堂课很快过去了……这是我听过的最轻松的一堂语文课,音乐与教学完美地整合在一起,就是这一堂课加深了我对"智慧教室"的认识。"智慧教室"直观、互动性强,而且学习数据直接反馈,便于师生及时掌握学习进度与效果。我当时就想,我们的老师也一定会喜欢"智慧教室"系统进入到课堂,帮助我们提升教与学的有效性。

进入过课堂,观摩过教学过程,对设备的使用情况才最有发言权。"智慧教室"系统的确比较智慧,师生互动性、学习主动性、课堂生动性明显增强,印象最深刻的是 IRS 遥控器,那是"智慧教室"系统中最重要的一个组成部分。这个小小的遥控器,结构简单,但是后台软件系统的运算结果却是出人意料。这样的系统我们的课堂适合使用吗? 由于学生 70%以上是外来务工人员子女,自信不足,加上家庭教育环境和家长自身素质的影响,所以学生主动参与学习的情况很少。课堂中,经常会看到一种现象,就是学生有时候知道也不举手,不知道也不举手,而老师为了完成规定的教学进度,只盯着几个好学生,课堂关注自然无法达到百分百。所以一堂课下来,学生参与课堂教学的程度是不高的,这样的情况令人惋惜而又无奈。但是 IRS 反馈系统却能弥补这一遗憾，让人人参与教与学。暴露思维、及时反馈、点评补救、思维发展，学习以这样的螺旋式结构推进着，学生通过遥控器参与学习、暴露思维，而老师则利用系统的智能化设备及时接收学生的反馈，进行针对性点评和补救，让学习更加高效。由于系统反馈只涉及对结果的分析，不直接翻牌每个学生的思维结果，所以课堂是民主、公平、自由的。在这样的课堂里，学生的自信心也会被慢慢地发现、培养、发展，这不正是我们需要的课堂，需要的教与学的方式吗？

第三节　"智慧教室"为广厦插上腾飞的翅膀

　　广厦小学做"智慧教室"系统,到后来迈向智慧教育,源于老师们对教育、对学生、对学校的情怀。2011年9月,广厦小学完成了小班向小班化转变的历程,2013年3月,又完成了小班化向智慧小班转变的历程。简单几个字词的变化,背后所显现的是全体广厦人的执着与努力,付出与汗水。智慧教室系统的引进就是为了让小班化教学更加高效,让老师们通过技术辅助来弥补小班化推进过程中在研究、管理、设计中出现的瓶颈问题,让老师们用技术来解决如何提升课堂小班化教学的有效性、针对性等问题,使小班化教学如虎添翼,这节约了很多教学时间,取得了良好效果。

　　智慧教室系统符合学校的办学方向,即"让每一个孩子获得最优发展",关注的是学生鲜活的个体,关注的是个性成长,而广厦小学的很多学生都来自农村、外地,他们在融入城市的过程中表现得尤为胆小、不自信。如今,智慧教室系统的引入,让孩子们感受到他们是在最现代化的学校里上课,他们的课堂是那么的民主、公平,人人参与互动,人人享受学习过程,人人获得最优发展。这样的学习环境,这样的课堂氛围,我想用不了几年,学生们肯定会变得阳光、自信起来。

　　智慧教室系统,让广厦小学的老师们"吃上了第一只螃蟹"。在社会不断迈向物联网的今天,智慧教育的触角才刚刚开始伸展,"春回大地,万物苏醒",我们在多媒体教育迈向智慧教育的道路上做起了排头兵。作为一所年轻的城区完小,广厦小学名特教师不多,在多媒体教育背景下的评职、评优让老师们深感压力。如今,拥有了智慧教室系统,面对课堂教学改革、转型,老师们从零开始,优先参与了"智慧教室"与课堂教学的整合,通过一次次学习、磨课、分享、点评,一批种子教师迅速成长,一个个成果的取得,让他们看到了专业发展的阳光大道。

一所学校,学生、教师、课堂差不多可以囊括教育的全部内涵,正是寄希望于学生的最优发展、教师的最优发展、课堂的最优发展,我们还将继续执着于智慧教学、智慧校园建设。

当然,在"智慧教室""智慧教学"推进过程中我们也遇到了一些问题,主要体现在技术应用和技术与教学高效整合两个层面。技术应用层面源于学校设备采购体系的弊端,因为不同设备来自不同的供应商,它们势必存在不兼容的问题,而不断出现的兼容性问题、系统冲突问题,网络支持问题一度成为阻碍教师推进智慧教学的难点,这些问题目前基本已经得到了解决。至于技术与教学高效整合问题,一方面来自两岸对教学专用术语的理解差异,如"模式",台湾的专家一开始指导培训种子教师的时候,提出课堂要做"模式",而"模式"在老师们眼里是长期实践、提炼的一种相对稳定的有特色的教育教学方式,不是一般教师能轻易提出来的。所以一开始老师们觉得做"智慧教室"压力很大,后来培训下去发现所谓的"模式"其实就是课堂教学中整合技术与教学的一种操作流程,这样大家就释怀了。另一方面来自教师自身对技术与专业教学的熟练驾驭能力。面对新兴事物,不仅需要教师有很强的专业素养,更需要对新技术有全面充分的把握,只有这样才能将"智慧教室"系统发挥到最佳状态。所以高效的整合需要一大批专业过硬且信息技术能力强的老师,而在这方面我们是有欠缺的。

第二章　智慧行动

第一节　灵动的"智慧"语文课堂

——以《女娲补天》为例

　　"智慧"语文课堂是指运用 Hi-Teach 三合一教学系统进行语文教学的课堂。Hi-Teach 三合一教学系统整合了交互式电子白板、ezVision 实物提示机、IRS 实时反馈系统等先进的教学设备。交互式电子白板利用投影机将电脑上的内容投影到电子白板的屏幕上,形成一个触控式、交互式的教学环境,在上面操作的白板笔既具有书写、绘画、放大等教学功能,又具有运行程序、保存、搜索等多媒体功能。ezVision 实物提示机可根据教师的课堂需求,以拍照的方式直接将学生的作品拍下来传到电子白板上,使师生能实时进行课堂点评。IRS 实时反馈系统给予了学生每人一个遥控器,让每个学生都能够参与到课堂问答中来,使老师能实时掌握学生对于课堂知识的掌握情况,并及时查漏补缺。Hi-Teach 三合一教学系统走入语文课堂,语文课成了灵动的"智慧"语文课堂。

　　以人教版三年级下册《女娲补天》(第 1 课时)为例,比较并分析了智慧语文课与常规语文课的区别。

一、教材分析

《女娲补天》是一个流传千古、历久弥新的神话故事,它讲述的是:远古时候,人类遭受了天崩地裂、水深火热的巨大灾难,大地之母女娲为了拯救陷入灾难的人类,冒着生命危险炼七彩石填补天洞,课文赞美了她善良、勇敢的美好品质,讴歌了女娲不畏天险、甘于牺牲的奉献精神。这篇课文具有鲜明的神话传说特色,包括丰富的想象力、夸张的语言和神奇的故事内容。文中"天崩地裂"和"炼石补天"两大部分的描写,是这篇课文"语言夸张"和"想象神奇"特点的典范。

根据《义务教育阶段语文课程标准·2011 版》设定的三年级学生在"识字与写字""阅读""习作""口语交际"等方面的教学目标和教学内容,我设定了《女娲补天》第一课时的教学目标。

1. 知识与能力

(1)认识"塌""挣""熄""冶""炼"5 个生字,会写"隆""塌""露""燃""熊""挣""熄""喷""缺""纯""冶""炼""盆"等 13 个生字。

(2)正确、流利、有感情地朗读课文。

(3)述说课文的主要内容,划分课文段落,梳理故事的发展脉络。

(4)理解"挣扎""冶炼""熊熊大火""零零星星"等难词的含义,知道"黑黑的""一道道""熊熊"等叠词运用的好处,能用叠词仿写一句话。

2. 过程与方法

(1)能在概括课文内容的过程中运用诵读的方法。

(2)能在理解词语的过程中运用联系上下文和探究的方法。

3. 情感态度与价值观

(1)体会人类遭受"天崩地裂""水深火热"巨大灾难的痛苦之情,感悟女娲不畏牺牲的奉献精神。

三年级的学生仍要继续积累生字,但思维已经逐渐向抽象的概念、推理思维发展,因此,我将本课的教学重点设为:述说课文的主要内容,划分课文段落,梳理故事的发展脉络。学生在理解课文词语的含义时有一定难度,仍需要老师的指导和帮助,因此本课的教学难点为:理解"挣扎""冶炼""熊熊大火""零零星星"等难词的含义,知道"黑黑的""一道道""熊熊"等叠词运用的好处,能用叠词仿写一句话。

二、智慧语文课 vs 常规语文课

语文课重在落实课堂教学目标,培养学生听、说、读、写等多方面的语文素养。教学《女娲补天》第一课时时,智慧语文课与常规语文课都着重于达成教学目标。

1. 课堂朗读

课堂朗读是语文教学中至为重要的一个环节,课堂朗读的效果和效率直接影响着学生对《女娲补天》课文内容的理解。智慧语文课堂中,向学生明确朗读要求后,教师只要点选钟表图案的倒计时工具,设定好 4 分钟的朗读时间,倒计时工具就能自动倒计时间,并在时间结束时发出提示音。在这 4 分钟中,教师可以到学生中了解学生的朗读情况。学生在知道设定好的朗读时间后,读得快的学生能将课文中的内容多读几遍,读得慢的学生在时间结束前能抓紧所剩时间读完课文,这样避免了时间结束时有些学生还没有读完课文情况的发生。而当提示音响起的时候,学生就会放下课本,端正坐姿。常规语文课堂中,设定 4 分钟的朗读时间主要靠教师人工计时,而教师一边要计时,一边要观察学生的朗读情况,就容易发生时间没到就让学生停止朗读,或者已经超过了设定时间才让学生停止朗读的情况。在这样的人工计时环境下,还有可能出现已经读完的学生开始讲空话,没读完的学生拖拖拉拉的现象。由此可见,智慧语文课堂的朗读环节,既能设定精准的朗读时间,又能充分发挥时间的作用,提高学生的朗读效率,从而使课堂环节更加紧凑。

2. 语感培养

语感是学生学习语文所要培养的一项重要素养。教学《女娲补天》时,需要学生找出表现灾难巨大的、夸张的句子。智慧语文课堂中,教师可以在电子白板上出示第 1 自然段,再请学生到电子白板前用白板笔画出他找到的句子,学生或许能找出全部的句子,或许不能找全。如果没有找全,教师还可以请学生到白板前补充画出。这种方式直接将学生的认识留在了白板上,直观而且形象;并且学生之间通过思想的交流碰撞,提高了自身的语感。常规语文课堂中,教师先请学生说出找到的句子,如果说全了就出示预定的句子,如果没有说全,则请学生做补充,然后再出示。由此可见,智慧语文课更加直观形象生动地呈现了学生的思维过程,提升了学生的语文语感。

3. 检测知识

课堂检测的方式可以检查学生对课堂知识点的真实掌握情况。《女娲补天》第 1 课时的教学中,有一道前测题,请学生选出神话故事这种文学体裁所具有的特点:神话故事是我国古代劳动人民智慧的结晶,它具有(　　)的特点。

A. 故事神奇、语言夸张、想象丰富　B. 说明性强、语言凝练、想象丰富

C. 故事神奇、说明性强、语言凝练　D. 说明性强、想象丰富、语言凝练

智慧语文课中,教师只需要在电子白板上出示这道题目,并切换到IRS 答题模式,每一个学生就可以拿起 IRS 遥控器进行选择,对应学号的学生完成选择后,电子白板上对应的蓝色反应区就会变红。等反应区的蓝色小方块全部变成红色后,教师只要点击"显示图表",屏幕上就能马上生成相应的学生答题情况"垂直条状图",根据这个条状图,教师能够知道学生答题的正确率和答案的分布情况,然后据此进行有针对性的指导。而在常规课堂中,教师需要在正式上课之前将答题纸发给每个学生,然后再一个一个收回进行统计和分析,这样大大地消耗了老师的时间和精力。由此可见,智慧语文课的课堂检测方便而且高效。

4. 习字点评

三年级的学生还是需要在课堂上留 5 分钟左右的时间让他们练习写字,并需要教师对习字进行点评。教学"女娲补天"时,学生要在课堂上将"冶""炼"两个字分别写两遍。教师选取已经写完的学生的习字进行课堂点评。智慧课堂中,教师可以利用实物提示机的拍照功能将习字纸上传到电子白板上,然后对习字作品进行细致的师生共评。而且,教师还可以将多份习字纸通过拍照上传到电子白板上,既可以进行单个作品点评,也可以同时进行两份习字作品的比较点评,从而让学生更好地认识到自己的不足之处。而在常规课堂中,教师要将习字卡放到投影仪下再投放到大屏幕上进行点评,而且每次只能投影一张,然后进行师生共同点评。由此可见,智慧语文课的习字点评更具有比较性和实效性。

三、智慧语文课的优点

综合上述内容,我们可以总结出智慧语文课具有四方面优点。

1. 学生为主体

智慧语文课中,学生成为语文学习的真正主体,发挥学习的主动性和自觉性。计时朗读时,学生打开课本在规定的朗读时间内完成课文内容的朗读,并能根据倒计时工具的提醒端正自我的坐姿。寻找第 1 自然段中的夸张语句时,学生作为学习的自主者画出相关的夸张语句,并能够依据内容做出相应的补充,学生与学生之间的思维相互碰撞能够擦出智慧的火花。习字点评的过程中,学生作为课堂的学习主体对同班同学的习字做出点评和交流。而在课堂检测的过程中,通过 IRS 实时反馈系统,每个学生都参与到课堂问答中,实现了人人参与的目标,而学生率先自主作答,再由教师做出指导,更是以学生为主体的一个重要体现。整堂智慧语文课中,教师只是一个学习上的引导者与指导者,学生才是课堂的主人。

2. 课堂紧凑高效

在第二部分所述的四个方面中,无论是计时朗读、寻找句子,还是课堂检测、习字点评,这些教学环节都具有紧凑高效的特点。计时朗读中,在规定的 4 分钟时间内就可以达到让每个学生都读过一遍课文的目标;寻找夸张语句中,只要学生直观地在第 1 自然段中画出相应的句子,就能够呈现出问题的答案;课堂检测中运用 IRS 实时反馈系统和图表生成功能,能即时地反馈学生的知识掌握情况,并让教师及时地干预和指导;习字点评时,可以同时对两幅习作进行点评,具有高效紧凑的特点。智慧语文课的教学环节环环相扣、层层推进,紧凑而且高效。

3.语文素养"精练"

智慧语文课训练学生培养"说得仔细完整""读得正确流利""写得端正漂亮"等一系列的语文素养。理解"女娲补天"中"一道道"这一叠词的好处时,教师把"一道道"改为"一道",然后让学生先自我感悟思考,然后小组讨论得出答案。在小组讨论的过程中,学生不仅加深了对"一道道"的理解,而且训练了完整的口头表述能力。课堂朗读帮助学生疏通课文的字词,深入感知课文内容,使学生在发言朗读时能读得正确流利,有基本的感情。课堂上的习字点评帮助学生明确自己写的字有哪些优点、哪些不足,从而改进自己的字,使自己的字写得更加端正漂亮。

4.课堂有趣、活泼灵动

智慧语文课有了 Hi-Teach 三合一教学系统,变得有趣、活泼、生动。就《女娲补天》一课来看,电子白板的书画功能与 IRS 实时反馈系统的遥控器充分激发了学生的学习兴趣,调动了学生课堂学习的积极性。这两种"智慧"功能改变了常规课堂中老师讲、学生听的学习生态,让学生能够亲自动手画一画或选一选,增加了语文课堂学习方式的多样性。这种学生与教学系统间互动的方式,让语文课堂更加生趣活泼,课堂教学更加灵活机动。因而,语文课堂成了生趣灵动的智慧语文课堂。(执笔:葛淑燕)

第二节　智慧环境下的统计教学

——《单式折线统计图》教学简析

Hi-teach 系统是由互动电子白板、IRS 即时反馈系统与实物提示机等教学辅助工具整合而成的软件系统。该系统具有以下的教学功能特点：双重整合(以计算机技术为核心的信息技术本身的深度整合、电子交互白板和课堂教学的有机整合)、多重交互(包括人－机交互,人－人交互,以教学应用为主的资源－资源交互等)、易学易用。

Hi-teach 系统的这些优点在小学数学课堂教学中起到了提升教学效能与提高学习品质的重要作用。众所周知,数学是研究数量关系和空间形式的科学,相较其他学科而言,它更为严密、概括、符号化。数学学科中某些抽象枯燥的原理、定义、概念、特性等不易为小学阶段的孩子所理解。而 Hi-teach 系统实现了信息技术与数学学科教学的新融合,通过将形、色、声、光、影等元素融合在一起,使数学课堂教学变得更加形象具体,更加生动有趣,为数学课堂带来了教学内容呈现方式的变化,也带来了课堂教学方式的变革。

一、教材简析

《单式折线统计图》是小学教学人教版五年级下册第七单元《折线统计图》第一课时的内容,也是"折线统计图"这一知识点的起始课。对于本课教学,《数学新课标·2011 年版》要求学生在收集、整理、描述、分析数据的基础上,能"解释统计结果,根据结果做出简单的判断和预测。"而此时的学生,虽然有了扎实的条形统计图知识,但对折线统计图还是相当陌生,对它的特征、作用等更深层次的内容则一无所知。

　　基于新课标的要求,本课在教材中的编排地位和学生的学情,我确定了本课的重难点。本课的重点是认识单式折线统计图的特征,能在方格图中有条理地绘制单式折线统计图。本课的难点是认识单式折线统计图的特征,对图中的信息进行简单的分析和初步的判断预测。

　　根据这些重难点,我制定了如下教学目标:1.认识单式折线统计图,了解其特点。2.了解单式折线统计图所反映的数据信息和变化规律,能对图中的信息进行简单的分析、判断和预测。3.能根据提供的数据,在方格图中有条理地绘制单式折线统计图。4.结合统计知识的学习,进一步体会统计在生活中的意义和作用,提高数学学习兴趣。

二、常规教学设计

　　为了实现上述教学目标,在常规教学环境下,教师通常会从情境导入、学习新知、巩固练习这三个环节展开本课教学。

　　1.情境导入,生硬凝滞

　　情境导入环节教师一般会分两个层次:(1)出示主题创设情境,概括出条形统计图的特征;(2)手势比画条形统计图的数量变化,引出课题导入新课。当开展"手势比画条形统计图的数量变化"教学时,因常规环境呈现方式的局限,学生的比画痕迹受技术条件的限制无法保留在大屏幕中,教师只能通过课件翻页的方式直接出示单式折线统计图,使得新课的导入显得生硬且不自然。

　　2.学习新知,低效机械

　　学习新知环节既是本课的教学重点,也是本课的教学难点。教师通常会通过以下两个层次展开教学:(1)讲授绘制单式折线统计图的基本步骤,学生独立绘制后通过投影反馈展示交流心得。(2)师生观察讨论统计图,从它的"点"和"线"入手学习掌握它的特点,并能对它的变化趋势进行预测。

　　在实际教学活动中,我们进行得并不顺利。如教师在展示学生绘制的单式折线统计图时,会遇到常规的实物投影仪无法将多幅作品同时清晰地展示在大屏幕中的困扰。对此教师只能通过逐幅展示讲解的反馈方式进行,既浪费了时间也无法进行多幅图的对比分析,老师无法很好地突破本课重点——在方格图中有条理地绘制单式折线统计图,这大大影响了教学效果。

又如单式折线统计图的特征是本课的另一重点,也是本课的难点。展开教学时课堂中会出现两种情况:从"点"入手,由"点"及"线"突破难点;从"线"入手,由"线"及"点"突破难点。这是课堂临时生成的,也是教师备课时无法预判的。由于常规的课件无法做到随机呈现,教师只能打断学生思维,强行将学生的关注点拉回到自己的预设中,机械地按预定的流程讲授。这样背离学情,对学习的生长点"移花接木""生拉硬拽"的方式势必会对学生的学习积极性造成影响,让数学课堂变得无趣乏味,让本课教学目标的落实变得迂回曲折、障碍重重、事倍功半。

3.练习反馈,粗简不便

巩固练习环节教师通常会安排绘图、填空、判断、寻找生活中的单式折线统计图这四个类型的练习来拓展延伸。

在常规环境下,教师虽然可以将绘图和填空的答案预先放入课件,却无法对学生临时生成的问题进行批注讲解。因此每当遇到课堂临时生成的问题或知识点时,教师只能旁注在大屏幕旁的黑板上。听课的学生需要同时关注大屏幕和黑板。做判断题时,教师也只能通过学生手势表示勾叉的方式,简单粗略的了解班级情况,无法做到精准掌握。

总之在常规环境下,本课的教学存在着情境导入不畅、新授环节死板费时、效率低下、练习反馈不方便、反馈情况不够精准等种种问题,虽然在实际教学中老师们也运用了自己的教学智慧,克服困难解决问题,但在实际教学中效果并不理想,教学效能有待提高。

三、智慧环境下的教案设计

和常规课堂不同,在智慧教室里我们的教学有了新的模样,上述种种问题在智慧环境下迎刃而解,教师的教学效能与学生的学习品质大大提高。

1.情境导入,自然流畅

智慧环境下的情境导入,教师可以使用电子白板中的手写绘图功能,让学生将他的比画轨迹保留在白板上,同时将条形统计图中的条形隐去,这样就自然流畅地将条形统计图变成了单式折线统计图。课堂的精彩源于真实,源于学生,科技的力量帮助教师捕捉到了真实课堂上动态生成的素材,让枯燥抽象的数学课堂瞬间变得形象生动、有趣鲜活。

2.精致教学,灵动高效

智慧教室不仅可在导入环节使用,在新授环节也同样适用。它可以将课堂中的关键细节,根据课堂需要,进行放大、标注、对比展示。它还能使教师同步接收全班讯息,立即掌握学生的学习状态,进而随时引导启思或调整进度。正是有了这些强大功能的支撑,教师可以颠覆原来的教学设计,大胆创新,将原先的新授环节分成认识特征、绘制展示和预测判断三个层次,借用科技的智慧,灵活呈现,紧抓关键,精致教学,成功突破重难点,让本课的教学目标真正落到实处。

(1)认识特征——突出细节,呈现灵活。

认识单式折线统计图的特征是本课的重点,亦是难点。在智慧环境下,教师将导入环节中生成的折线统计图与条形统计图放在一起,让学生进行小组讨论,比较条形统计图和折线统计图的异同点。在讨论交流中,教师可以根据学生的回答,利用电子白板的放大镜功能或聚光灯功能,随机将统计图中的"条形""点""线"等细节放大聚焦,帮助学生关注细节,突出强化两种统计图的不同点,帮助学生在脑中建立起关于"点""线"的清晰表象。

　　认识了"点""线"后,我们的教学也进入了分水岭:从"点"入手,由"点"及"线"突破难点;从"线"入手,由"线"及"点"突破难点。如何灵活呈现是摆在老师面前的一大难题。电子白板中的遮挡板功能让这一难题迎刃而解,让随机教学成为可能。上课时老师只要将事先导入的图片作为主题背景,并对它进行分块遮挡隐蔽,就能在课堂上通过拖动遮挡板,灵活呈现课件中的内容。这样的呈现方式打破了常规课堂中必须严格根据教案设定教学流程的限制,做到了立足学情随机出示,教学内容呈现灵活,让学生真正成为数学课堂的主人。

　　(2)绘制展示——对比纠错,批注概括。

　　通过对单式折线统计特征的学习,学生已对单式折线统计的各部分有了深入的了解,接下来的绘制可谓是水到渠成。教师完全放手,直接让学生根据另一张统计表——"李俊杰同学一周跳绳成绩统计表"独立完成绘制过程。然后小组内讨论绘制的注意点,评选出优秀作业。最后,教师展示优秀作品,学生交流绘制心得。

　　在交流展示环中,教师使用了 Hi-teach 系统中的实物提示机,它自带的摄像头可将学生作业抓拍后同步上传到课件中,教师可根据需要任选其中的一幅或多幅作业同时展示在大屏幕中,供学生观察、对比、分析、纠错、修正。

　　在作品反馈中,学生顺利地概括出了画统计图的步骤。教师利用电子白板的手写批注功能,将学生的结论及时批注在白板上,让板书与课件无缝对接,实现两者的完美结合。学生无须同时兼顾黑板和课件,这为他们的学习提供了方便。最后,教师使用 Hi-teach 系统中的批注功能和直尺功能示范画折线统计图,让学生对折线统计图的画法有一个正确而完整的认知。

　　(3)预测判断——实时反馈,碰撞交流。

　　绘制完成后,教师将何天波和李俊杰的"一周跳绳成绩统计图"放在一起,请学生结合两个人的成绩变化情况,预测两人未来的成绩发展趋势,并从中选一名去参加校跳绳比赛。

Hi-teach 系统中的 IRS 及时反馈功能让每一个学生都能参与选择,并可实时生成柱状图显示全班的选择情况。因本次选择没有对错之分,故教师还可以利用翻牌功能邀请两名做出不同选择的学生各自说明自己的理由。IRS 及时反馈功能帮助教师快速精准地了解课堂中每个学生的学习状态,让课堂教学更有针对性,让数学教学更精准高效。

3.拓展延伸,精准便捷

通过新授环节的学习,学生对单式折线统计图的特征已有了清晰的认识。建立在这一学情的基础上,教师精心设计了三个层次的练习:一是寻找生活中的单式折线统计图;二是利用生活中的素材分析填空;三是利用生活中的素材判断选择。这样带着浓浓生活味的练习设计,巧妙地将数学学习从数学课堂拓展到日常生活,从而帮助学生进一步体会到数学就在自己的身边,理解统计在生活中的意义和作用,让学生感受到数学知识的价值和趣味。

(1)资源交互,抢权激趣。

寻找生活的中单式折线统计图时,教师需要在课前让学生事先收集一些相关材料用于课堂交流。此外,教师也需要展示一些材料,以填补学生材料中的空白点,对学习素材进行补充。

学生展示素材时,教师可使用 Hi-teach 系统中的抢权功能。通过让学生争抢回答权,充分调动起学生的上课积极性,从而起到调节课堂气氛的作用。教师自己展示时,可开启 Hi-teach 系统中的资源搜索功能,让丰富的网络资源弥补常规课堂中展示内容不广和展示数量不多的不足,为数学课堂推开了一扇通往生活的大门。同时,也让学生深切感受到折线统计图在生活中的广泛应用,为后续的分析填空和判断选择提供素材。

(2)随机选人,批注讲解。

在讲解分析填空题时,教师可使用 Hi-teach 系统中的随机选人功能邀请学生作答。这一功能可从滚动的照片中随机挑人,给学生营造适度的紧张感和紧迫感,同时也给枯燥的数学课堂带来了乐趣与欢笑。在讲解练习时,教师可以使用批注功能在大屏幕上直接板书,既方便学生校对交流,也方便教师将学生临时生成的问题展示到大屏幕进行同步讲解分析。

(3)拓展延伸,实时反馈。

本课的拓展题是教师从展示的生活素材中选取的两幅城市月平均气温图。分析讲解时,教师要求学生根据两幅统计图的特征,用 IRS 功能选择正确的城市并说明选择的理由。

总之,Hi-teach 系统的强大功能改变了我们的数学课堂。它让我们的教学内容呈现方式更为机动灵活,它让我们的课堂教学方式变得形象开放,它让数学课堂的教学效能和学习品质大大提高。

四、对比反思

通过两堂课的对比,在上述的课中我们不难发现电子白板不仅继承了黑板和"计算机+投影仪"等传统教学设备的功能,而且独具多重交互的特点,以其便利、高效、智慧等优势,改变了数学课堂的教学方式,为学生提供了更为丰富的学习资源。

1. 双重整合,高效教学

Hi-teach 系统中既有以计算机技术为核心的信息技术本身的深度整合,又具有电子交互白板和课堂教学的有机整合,这样的双重整合使它具有比常规教学软件更为丰富强大的功能。这些功能满足了数学课堂教学的各种需求,让我们的数学课堂变得灵活高效。

在本课中,教师使用了遮挡、手绘批注、IRS 实时反馈系统、实物提示机、放大镜、聚光灯、抢答、选人、搜索等多种功能。这些功能中如手写批注、遮挡等,可以帮助教师根据学生的学习进度,分批出示,灵活呈现,及时捕捉课堂中的精彩瞬间,抓住课堂中的生成性问题,立足学情因需施教;放大镜、聚光灯、抢答、选人、搜索等,可通过声、光、电、影的方式刺激学生感官,调动学生学习兴趣,突出细节,强化认知,使抽象的数学变得形象生动有趣;如 IRS 实时反馈系统、实物提示机等,可帮助老师实时掌控学情,展示学习结果,让我们的教学对症下药,事半功倍。

上述这些功能仅是 Hi-teach 系统中的一小部分,这些功能可以单独使用,也可以配合使用。如果教师能充分调用电子白板的这些功能,可设计出丰富多彩的教学活动,帮助教师激发学习兴趣,立足学情高效教学,在对比、归纳、突出、梳理知识中达到理解疑难、建构知识的教学目的。

2.多重交互,智慧教学

Hi-teach 系统为教学双方提供了包括人—机交互,人—人交互模式,以教学应用为主的资源—资源交互在内的多重交互这一特点为数学课堂教学搭建了一个通畅的沟通平台。

如在本课中认识单式折线统计图的特征既是本课的重点又是本课的难点。在常规课堂中只能用讲授、观察、讨论的方式来突破难点,这样的教学过程机械枯燥无趣,让原本就高度抽象化的数学课堂变得更乏味难懂。但在智慧课堂中,老师通过人—机交互,放大细节,帮助学生抓住了折线统计图的关键点——"点"和"线",再结合手写批注功能配合讲解成功地帮助学生突破了难点。两相比较,后者"智慧"的呈现方式肯定更形象具体、生动有趣,更能让学生理解接受,让数学教学更为扎实有效。

又如在校对练习时,教师可以采用抢权、选人等方式进行人—人交互,避免了常规课堂中师问生答的单一交流方式,"智慧"地丰富了课堂提问方式,充分激发了学生的学习兴趣,调动了课堂气氛,让数学教学变得刺激有趣。

再如在学习生活中的折线统计图时,教师借用网络的力量,通过资源交互,"智慧"地打破了数学课堂的时空限制,拓宽学生的知识面,加深了学生对数学知识的理解和认识。

多重交互在数学课堂中的综合运用,"智慧"地帮助教师与每一位学生都建立起了紧密联系,使每一个学生都真正地参与到数学学习中来,让我们的课堂教学因智慧而精彩。

3. 易学易用,便捷教学

Hi-teach 系统的功能虽然丰富强大,但它的学习和使用也极其便捷,这一特点也让普通老师在常规课堂上大量使用该系统成为可能。

如常规课堂中使用的实物投影仪无法将多幅作品清晰的同时展示在大屏幕上,因此,教师上课时需要逐幅展示,既浪费了时间,也无法进行多幅图对比,影响教学效果。Hi-teach 系统中实物提示机带有拍照和作品观摩功能。老师只需在上课时将学生作业放在实物展示台上,实物提示机就可以将它拍下自动上传并展示出来,展示时既可将多幅作品一次性呈现出来,也可逐幅放大,无论是清晰度还是方便快捷度均远胜实物投影仪。

又如手写绘画、放大镜、聚光灯、抢答、选人等功能,这些都是电子白板中自带的功能,上课教师无须事前制作课件,只需要花五分钟熟悉相应的图标,在上课时将它点开就可以轻松自如地使用了。

在日常教学中,大部分数学教师并不具备高超的电脑技能。常规环境下,这些教师往往需要花费大量的精力才能制作出适合自己使用的课件,这势必会挤占教师用于了解学生、解读教材的时间。而 Hi-teach 系统易学易用,方便快捷的特点,帮助这部分老师从制作课件的困扰中解脱出来,让老师们有更多的精力和时间打造高效课堂。

总之,Hi-teach 系统作为当前新的现代教育技术手段逐渐走进课堂,改变了课堂的教学方式,为学生提供了更为丰富的学习资源。作为一名现代化的数学教师,应不断摸索,合理地利用 Hi-teach 系统辅助教学,使我们的小学数学课堂教学变得鲜活高效,从而为提高小学数学教学质量奠定扎实的基础。(执笔:张萍)

后 记

近年来，办学理念逐渐成为教育部门和中小学校经常使用的术语，人们日益相信"明确而独特的办学理念是一所学校成为优质学校的首要条件"①。2013 年颁布的《义务教育学校校长专业标准》就明确要求校长要在"尊重学校传统和学校实际"的基础上"提炼学校办学理念"，这使得办学理念及其提炼成为热点话题。事实上，自 20 世纪 90 年代以来，办学理念在学校办学过程中的引领和指导作用就已开始得到强调。很多研究者对办学理念展开研究，指出学校应该从仰仗经验或者根据政令进行办学的思路中跳出来，用办学理念"武装头脑"，规范办学行为，指导办学活动。这些研究为我们更加深刻地认识办学理念打下了基础。

不过，已有的研究也有其局限性，主要表现在大多数研究往往采用逻辑思辨的方法，从应然的角度对办学理念的重要性展开研究，而缺乏对现实的观照，很少关注当事人是怎么认识办学理念的，也很少揭示办学理念在一线学校的现实状态，理论和实践脱节现象突出。据我个人观察，与学术研究中"办学理念"日益红火不同，在实践中，对不少学校来说，办学理念更多地还停留在"挂在墙上"的阶段，用办学理念"武装头脑"往往成为一句空话。这种现状让人不免唏嘘。

我自 2000 年开始走上学校管理岗位后，因为各种机缘，办学理念成为我思考学校管理模式的重要方向，我也认识到办学理念只有真正扎

---

① 周峰，郭凯，贾汇亮. 中小学优质学校形成机制研究 [J]. 教育研究，2012（3）：41-46.

根于学校实践，才能发挥其蓬勃的生命力。事实上，我在进行学校管理的过程中，也一直努力用办学理念规范办学行为，指导办学活动。以我所工作的广厦小学为例，一定意义上可以说，在广厦小学工作的 7 年时间，就是"让每一个孩子获得最优发展"这一办学理念不断深化的行动历程。而这一行动历程，也不断丰富着我对办学理念的思考。

基于此，我就萌发出基于自身的成长经历，以我所工作的广厦小学为个案，对办学理念在实践中的运行样态进行深度剖析，抛砖引玉，期望引起大家更深入的思考。

书稿的成书过程倍感艰辛。能有今天的成果离不开从教以来那么多领导、恩师、同事还有家人的关心支持和帮助。这里首先要感谢江北区教育局为广厦小学的发展提供了很多的机遇，给予我很多成长的关心与支持；其次要感谢恩师励汾水的言传身教，是她的为人为事为学之道让我终身受益；感谢宁波大学郑东辉教授、汪明帅博士对我办学实践的指导和对本书出版的关心、帮助；感谢国家中小学评估专家杨坚校长百忙中为本书作序；感谢 TEAM MODEL 智慧教育创始人吴权威教授给本书撰序；感谢所有践行"让每一个孩子获得最优发展"理念的广厦小学的同事，正是你们的爱心、勤勉与智慧才成就了学校的今天，成就了这本书。

看到书稿一天天成型，我的幸福感也油然而生。囿于思考水平与表达能力的限制，有很多地方并未真正做到"言为心声"，因此书中谬误在所难免，恳请各位读者见谅。

在这一年多的成书过程中，看到自己的思考和行动逐渐汇集成文字，心中甚感充实。因为通过回溯和梳理自己与办学理念的"缘分"，让我对办学理念也有了更深层次的认知，并日益坚信，在办学理念的践行过程中，以下几个方面值得关注，也希望与诸君共勉。

1. 注重对校长生活史的挖掘

生活体验是教师教育智慧形成的基础与源泉，生活体验同样也是校长教育智慧形成的基础与源泉。就我而言，关于办学理念的认识与提炼过程，与我自身的成长和工作经历息息相关。在师范学校接触到美术、音乐的体验，让我深切地体会到培养一个人多方面的兴趣的重要性，形成了"教育就是要给学生提供更多的可能性"的教育信念；工作之初的"全科教师"经历，让我有了在实践中摸索"让每一个孩子获得最优发展"门径的机会；挂职学习期间，我第一次真切地感受到办学理念不能仅仅停留在纸面上，而应该通过学校的各种载体使其落地生根，并且也找到了诸多载体。从这个意义上说，办学理念的践行，需要对校长生活史进行挖掘，探寻校长的教育信念的密码，从而为具体办学理念的践行提供滋养。

2. 彰显具体学校的特性

办学理念是积淀学校的历史传统，反映学校的社区背景，以及汇集校长和广大教师共同愿景的教育思想体系。要而言之，只有彰显学校特性的办学理念，才有可能促进学校的发展。在彰显学校特性方面，我也做了诸多努力。"让每一个孩子获得最优发展"这一办学理念的提炼，与学生生源的实际情况密切相关；在贯彻办学理念过程中，选择以社团活动作为突破，也是在综合学校实际情况基础上做的选择。可以说，作为学校自主建构起来的学校教育"哲学"，办学理念应充分考虑学校的地理位置、学校的办学层次、培养对象和学校特色等具体情况。首先，需要考虑到学校的层次和类型，小学和中学、城市和农村学校的办学理念应该有所区别。其次，需要考虑到学校的历史积淀，办学理念作为一种文化的存在，具有一定的传承性。

3. 在办学实践中对办学理念予以贯彻与修正

办学实践没有止境，办学理念的完善也没有止境。只有与时俱进，办学理念才能引领办学实践，才能真正成为学校的灵魂。易言之，办学理念必须靠办学实践来检验，通过在实践中的贯彻与修正而不断丰富其内涵，并不断改进。多年来，广厦小学一直积极寻求多种渠道，将办学理念贯彻到学校办学的诸多方面，并在贯彻的过程中，寻找修正的路径。

徐扬威

2017 年春

图书在版编目（CIP）数据

基于办学理念的校长办学研究——以宁波市广厦小学为例
／徐扬威编著. —杭州：浙江大学出版社，2018.1
　ISBN 978-7-308-17007-9

　Ⅰ.①基… Ⅱ.①徐… Ⅲ.①小学－校长－
学校管理－宁波 Ⅳ.①G627.1

　中国版本图书馆 CIP 数据核字（2017）第 136929 号

基于办学理念的校长办学研究
——以宁波市广厦小学为例

徐扬威　编著

策划编辑	吴伟伟
责任编辑	杨利军
文字编辑	马一萍
责任校对	沈巧华
封面设计	周　灵
出版发行	浙江大学出版社
	（杭州市天目山路 148 号　邮政编码 310007）
	（网址：http://www.zjupress.com）
排　　版	杭州中大图文设计有限公司
印　　刷	虎彩印艺股份有限公司
开　　本	710mm×1000mm　1/16
印　　张	13.5
字　　数	213 千
版 印 次	2018 年 1 月第 1 版　2018 年 1 月第 1 次印刷
书　　号	ISBN 978-7-308-17007-9
定　　价	40.00 元